人生の整理学
読まれる自分史を書く

外山滋比古

イースト新書Q
Q093

まえがき

なかば無我夢中に生きてきた人が、ちょっと一息つけるようになると、立ち止まって、来しかたをふり返りたくなるようである。

ひところアメリカでは生活の安定した人たちの間で、専門家に頼んで家系図をこしらえるのがはやったことがある。日本では、そういうとき、家系ではなく、自分の歩んできたあとを記録しようとする人がふえている。そして、自分史という新しいジャンルが生まれた。

自分史を書こうと思っている人、そうまではっきりとしていなくても、なんとなく自己表現を求めている人が多くなってきたのは知的生活の向上のあらわれといってよいであろう。この本はそういう人たちに、いくらかでも参考になるようにと願って書かれたものである。

せっかくの自分史である。すこしでもすぐれた作品であってほしい。すくなくとも、第三者にとってまるでおもしろくない、一人よがりだと言われないようにするにはどうしたらよいか、それを主眼にしている。三部に分かれる。

I部は、いずれも自分史というもの自体について考えた文章である。自分のことを書くのだから何でもあるまいと考える人が意外に多いけれども、書いてみればわかるように、これがなかなか厄介なものである。それをわかってもらうのが目的である。

II部は、書くまえの準備についてのべた。ぶっつけに書き始めるのではなく、あらかじめ用意をする。なにかと言えば、似た性質の文章を読み込むのである。その見本として、傾向の異なるものをいくつか紹介した。ここでは一部の引用であるが、手に入るものは全体に親しむことがのぞまれる。

書けばいいのに、どうして読まなくてはならないのか。それは、本書がただ自分史を書く技術を伝えようとするのではなく、すこしでも多くの人に読まれるようにするにはどうすればよいかを一貫して念頭においているからにほかならない。自分史ではこの読者の視点というのがともすれば欠落するのである。

読んでたのしくないものは、書いて発表する価値がない。価値のない文章は書いてはいけないと語っても差支えないと思う。

Ⅲ部は具体的に書くときの心得を即物的にのべたものである。この本は自分史の技術を説いたものではなく、その手前の準備、心がまえをのべたものであるために、細かいことには触れなかった。

自分史はだれにも書くことができる。しかし、人に読んでもらいたいと思うのだったら、そのつもりで執筆されなくてはならない。この本の趣旨も要するに、その点につきるとしてよい。

目次

Ⅲ部

I部

自分史とは
心のわが家
自分を書く
書き出し
間接法

自分史とは

〝自分史〟ということばはまだ比較的新しい。今世紀がはじまった頃には、このことばをきいたこともないという人がいたであろう。ためしに、一九八〇年代に出た国語の辞書で〝自分史〟をとりあげているものはひとつもない。手許の『新明解国語辞典』は一九九二年版だが、のっていて、

「変動する社会や時代とのかかわりの中で、一庶民としてその人が何を考え、どのように生きて来たかを書きつづった自叙伝（半生の記）」

と説明してある。

これは国語の辞書ではないが、現代語にくわしい『現代用語の基礎知識』一九九三年版は、

「自叙伝、伝記と同じ範疇。ただし今のブームを支えている自分史は、従来のそれとは違い、もう少し気軽に自分の体験（旅行記・留学体験記、育児日記等）や歩んできた人生上のさまざまな思いをつづったものをいう。」

とていねいな紹介をしている。これによって、すでに九〇年代はじめ〝ブーム〟になっていたことがわかり、興味ぶかい。八〇年代には辞書のとりあげることばではなかったのが、九〇年代に入ると大流行していたということであろうか。もっとも〝ブーム〟といっても一部の人たちの間のことだけの話で、なお、一般には知られるまでにはなっていなかっ

たとしてよい。

〝自分史〟は自分のことを書いた記録であるが、日記のようなものではない。日記は人に読まれることを予想していないけれども、〝自分史〟は発表する、活字にする、本にすることを意図して書かれるところが異なる。

自叙伝とは性格を同じくするが、それほどにははっきり世に問うといった構えをもっていない、もち得ない、ささやかな個人の生活史というのが〝自分史〟にこめられているニュアンスであろう。人はたいてい、自叙伝を書こうなどとは考えないで一生をすごす。しかし、〝自分史〟ならば、書ける、書いてもよい、書きたいという人はすくなくないと想像される。ことに、女性にとっては、自叙伝では気がさすけれども、身辺雑記、こし方を回想する文章なら書けると思われるだろう。〝自分史〟は女性の書き手によって広まり、ブームといわれるまでになったようである。
伝記と同じ範疇に入ると、さきの『現代用語の基礎知識』には書かれているが、これははっきり別のジャンルである。伝記は、他人が書くもので、自分で書く自叙伝、自分史とは、似てはいても、まるで違った作物である。他人が書くのだから、なんでもない生活をしている人間の伝記は生まれにくい。なんらか書くに値する生き方をした人物でなくては伝記は考えられない。俗にえらい人には伝記が書かれるけれども、ごく普通の人間は、まず、伝記の人になることはないといってよい。

そこが自分史は、違う。えらくなくてよいのである。自分のことを自分で書けばよいのだから面倒がない。書きたいから書く。書くに値するかどうかは、自分ではきめにくい問題だから、考慮の外においてかまわない。その点で、気楽である。だれにでも書ける。その限りで、日記に通じるところがある。

さきにもふれたが、日記は第三者の目を意識しないで書かれるのが普通であるが、自分史となると、やはり読んでもらいたいという気持をすてることは難しい。読む人のことを考えると、かならずしも気軽な書きものとはならない。読まれるに値するかどうかを全然考えない、まるで、長い日記のようなものを自分史だと思っている人もあるかもしれないが、社会的意味を欠いている。うっかりすると、はた迷惑になりかねないのが自分史である。

読者をもつことが、実際問題として難しいのは、自分史の出版が難しいこと、本になるもののすくないことによってもわかる。自分史として書かれたものでも、出版されて読者をもつことができれば、その時点で自叙伝になったといってよいのである。大部分の自分史は、読者を得られるかどうか不明のまま書かれる。自費出版が主となるのは是非もない。

どうも、自分史と読者とは微妙な関係にあるようである。読者をほんのすこししか考えないで自分のことを書くのが自分史である。もっとも、だからといって、それが価値が低いというわけではない。第三者を感動させるものが、まるで読者などを意識しないで書かれたものの中からあらわれるのも事実である。

読者を意識して書かれる自分史が、実際に読者の心をとらえるようなものになったとき、それは自分史であることをやめて自叙伝になったといってよい。すくなくともいまの状態においてはそうである。

これから書かれる自分史は、読者のこころをとらえる、おもしろい自伝を目ざさなくてはならない。歴史の浅い自分史であるが、そういう発展を期待したいものである。それが実現すれば、自分史は、自叙伝と肩をならべ、あるいは、自叙伝に吸収される著作として認められるようになるであろう。

心のわが家

東京のある小学校が、卒業文集を作り、卒業する児童に、いま、いちばんほしいものはなにか、を書かせたところ、おどろくべき結果が出た。三十九人のクラスのうち、カネがほしいと書いたのが、二十人。イエがほしいと書いたのが十六人。エレキギター一人、ノーベル賞一人、わからない一人というのである。

カネとイエで九割をこえる。これから中学へ行き、やがて高校、大学へも進もうというこどもたちが、そんなものしか求めないのか。夢というものはないのか。もうすこしましな答えはできないか、などとなげかわしくなる。

こどもがいけないのではない。家庭がそういう考えをこどもに植えつけたのである。とくに教えることでもないし、口に出すこともないかもしれない。しかし、こどもは敏感で、親の考えていることをしっかりうけとめる。口で言われたこと、親の言うことはきかずに反発するけれども、親が本当に思っていることは、だまって、うけ入れる。親が金がほしいと思っているから、こどもも金がほしいと考えるようになる。自分の家がほしいと願っている家庭の子はいつしかマイホームをあこがれる。

戦争に負けて、住むに家なく、食べるものにもこと欠く生活になってしまった人がおびただしい数にのぼった。まず、食べるものがほしい。どんなところでもいい、住いがなくてはという思いにうしろを押されてがむしゃらに生きた。そして二十年、三十年、ようやく生活の目途がついたが、なお、もうすこしましな暮らしがしたい。そのためにも、まずマイホームがほしい。先立つものが必要だという状態はつづいた。そういう家庭で育った親孝行なこどもが、なによりもまず家と金を欲するようになって不思議ではない。

なんとかカネをためて、足りない分はローンを組んで借金し、念願のわが家を手に入れる。これで一応の夢は果たせたわけであるが、どうも充実感がわかない。イエが建っただけでは人間らしい生活ができるというわけではないことをおそまきながらさとる。もちろんマイホームをもった人、小金をためた人がみんなそんな風に考えたわけではない。心ある人たちは、人間はパンのみによって生きるのではない。ハウスがあればいいのではない。イヌだってハウスがあるではないか。人間は心の豊かさがなくては、人間らしく生きていることにならないと考える。

そういう反省は、経済の高度成長の勢いがピークに達したころに、静かに広がった。時間ができたし、自分を磨こうというので、勉強を志すようになる。稽古ごとが始まる。園芸にこる人がふえる。焼きものつくりが人気をあつめる。中でも、俳句をつくるのがおもしろいというので、俳句のブームがおこった。こういう教養への関心の高まりをうけてカルチャーセンターができて、人々が集まるようになった。

マイホームはできたが、心のわが家はどこにもない。自分というものがどういう人間で、どういう生き方をしてきたか、はっきりさせたい。そういう願いは、かなり高度の関心で、カネとイエをほしがっていた経済的、物資的欲望に比べると、はるかに文化的だということはできるであろう。

自分史づくりが急に流行のようになったのは、心のマイホームをつくろうとする気持が多くの人たちの心に育まれていたからであろうと思われる。自分の世界を創り出すことになるのだから、おもしろくないわけがない。自己表現という点からしても、歌や句をうたったり、ものをこしらえたりすることに比べて、いっそう直接的である。自分を生かす。自分をひとに見てもらう。そういう気持もみたしてくれるのが自分史である。大げさな言い方になるが、新しい創造である。

自分を書く

本を読む、というのが、人びとの楽しみになったのは、そんなに古いことではない。つい七、八十年くらい前まで、農村などでは、本らしい本は一冊もないうちがすくなくなかった。新聞もとっていない。ひどいのになると、時計すらなかった。朝日とともに起き、日が暮れて帰る。そういう生活だったのである。

大正の中ごろ、女学校がたくさんできた。男子の行く中学校より女学校の方が多かった。お嫁にいく娘には学校へ行かせようという親心に応えたものである。

ところで、その女学校を出た女性たちはせっかくものを読むことを覚えたのに、読みものがなかった。そこに目をつけたのが出版で、「主婦の友」とか「婦人倶楽部」などの婦人雑誌が創刊されるとまたたくまに大雑誌になった。

それが、戦後しばらくすると、状況が変わってきた。女学校ではなく、女子短大を卒業した若い人たちは、婦人とか主婦ということばをうとましく感じるようになった。かわって〝女性〟がかっこうよくなり、「女性自身」という名の週刊誌が出るようになった。

他方、〝女性自身〟の意識をもつにはすこし年齢が高くなりすぎたという人たちが中心になって、自分たちの身辺について短い文章を書くことが、知的で、好ましいこととされ、人気を集めた。「朝日新聞」の家庭婦人欄にできたコラム「ひととき」がそういう「書きますわよ」女性の晴れの舞台になった。これはおもしろい、と男ものぞくようになった。ものを書きたい女性が多くあらわれたのは、平安期以来のことかもしれない。

文章を書くのは、読むほどかんたんではない。書きたいと思いながら、書くきっかけがない。稽古したくても、教えてくれるところがなくて困る。そこへ、カルチャーセンターというものが出来た。諸学、諸芸の手ほどきをしてくれる社会人、成人学校である。もちろん、文章教室といったものがある。エッセイの書き方、小説の書き方というコースまで出来ている。それまでの俳句のつくり方、短歌のつくり方などとはすこし違った講座である。

文章の書き方を練習するにしても、何を書いたらいいか、わからない。

講師にもよい知恵があるわけではないから苦労する。

いまはどうか知らないが、その昔、小学校の作文（そのころは綴方《つづりかた》といったが）で、課題に窮した先生が〝なんでもいい、思ったことを思ったように書け〟と命じた。年端もいかない子にとって、これがいかに難題であるか、先生がご存知ないのだから、こどもはのんきに構えて、思ったこともないことをあれこれ書いてお茶をにごした。思ったことが思ったように書けるようだったら大文章家である。

カルチャーセンターはさすがにそんな無責任なことは言わない。書きやすいことでなくてはいけないから、いちばんやさしそうな自分のことを書いてごらんなさいとやった。いわれた生徒はいそいそと、自分のことを書き出した。もっとも、おいそれと、うまく書けるようにはならない。

自分について書くというのが、思ったほどやさしくないからである。それどころか、たいへん難しいのである。ぼんやりしていてはいられない。ただ身辺雑記ではない。自分を書くのだという意気込みでかかろうというので、自分史の目標が設定されたというわけである。

自分史と名をつけてみたところで、自分のことを書く難しさはすこしも変わりがない。たいへん難しい文章を書くのだという覚悟が前もってできているわけがないから、知らぬが仏で、かえってよいかもしれない。

外科の名手がわが子の盲腸の手術をほかの医者に頼むという。わが子には情が移って手もとが狂う、すくなくとも狂うと心配だからである。わが子にしてそうである。自分の体へ自分でメスを入れることはない。

自分の子がとんでもないことをしでかしたとき、親は〝うちの子に限って、そんなことをするはずはない〟といってつよく否定する。あまりにも身近だから、ひとの知っていることもわからないのである。

自分のことになると、いっそうわからない。ひとのことならいくらでも言うことがあるのに、自分のことになると、あまり、いろいろなことがありすぎて、いっこうにまとまりがつかない。大上段にかまえて、私は、こういう人間である、などと書き出したら、三行も行かないうちに頓挫してしまうであろう。

自分史を書くに当って、まず必要となるのが、この己を知ることの難しさである。そして、つぎに、何を書くかである。逆に言うならば何を書かないでおくかである。すべてのことを書こうとすれば、書けるわけもないが、大混乱を来すにきまっている。

そして近いことはなるべく避ける。遠い日の自分、つまり若いとき、幼いときの自分なら、距離があるから、まとまった世界に書きやすい。

書き出し

郷里の親しい旧友から会いたいと言ってきた。なにごとかと思ったら、文章を書いている、いや書こうとしているが、どうもうまくいかない。書いたところを奥さんに読ませたら、「本ばかり読んでいるくせに、どうしてこんな下手な文章しか書けないの」とやられて、ショックをうけ、書く意欲もなくなった。そうは言っても、どうしても書かなくてはいけないことがある。どうしたらいいか、一度、相談にのってくれないか、というのであった。

会って話をきいた。この友人は、織田信長が今川義元を討ちとった桶狭間の古戦場の地に住んでいる。そういう由緒のある土地だから、村から史誌を書くように頼まれて、歴史好きな本人は一も二もなく承知したのである。

いろいろ故事や口伝、資料をあつめて、書くばかりになったのは半年も前だが、どうしても書き出しがうまくいかない。何度書き直したかしれないが、どうも先へ進めないで、うしろへ引きもどされるような気持になってはペンを投げ出す。それを繰り返してきたというのである。

それをきいて、それは良心的すぎるからである。だれだって書き出しには苦労するもので、書き損じが山になるという小説家のはなしもある。悲観することなどすこしもない。ただ、ひとつ心がけたいのは、うまく書いてやろうと思わないこと。かまえると、頭が固くなって、うまく働かなくなる。できるだけ、ふつうの文章を書くようにした方がいい、というようなことを言って応援した。

小学校の一、二年くらいのこどもが書いた毛筆の字はたいてい勢いがあってのびのびと美しい。それが、中学生くらいになると、いじけた字になってしまう。なぜかというと、幼いときの無邪気、天真爛漫を失って、うまい字を書こうという気持が働くようになるからである。文章でも同じで、たどたどしい文字しか書けないような小学生の作文はおもしろい。ところが高校生になって書いた文章は味もそっけもなくなることが多い。やはりうまく書こうという意識が文章を弱めるのである。

そうでなくても、書き出しは難しい。そこへもってきて、上手に書こうというプレッシャーがかかるといっそう難しくなって当然である。まず、人からほめられるように書いてやろう、などという野心をすてることだと忠告した。

うるさい大人を頭に描けば書きにくい。こどもに話すような調子で書くといい。しゃれた文句を使わない。地味なことばで普通のことを書くのがもっとも賢明なやり方であると思うとも言った。

それから、きみは、はじめのところで、つっかえて苦しんでいる。これから何度も試みれば、すらすらと書けるようになるかもしれないが、これまでの苦労を考えると、あまり楽観はできない。どうだろう、ここで方法を変えてみては。つまり、はじめの部分から書き出すのをよすのである。

どうするのか、というと、全体のうちでいま、いちばん書きやすい、おもしろそうだという部分が、あとの方にあるとしたら、それを思い切って、最初に書いてみるのである。順序のことは、全体を書いてしまったあとで、ゆっくり考えればよい。まず、とっかかりやすいところからかかる。次にもやはり書きやすい部分を見つけ、順序にこだわらずに書くのである。

この方法を教えてくれているのは、イギリスの大歴史家E・H・カーである。彼は本を書きおろすとき、第一章から順次、書いていくようなことはしないで、いちばん書きやすい、自信のある部分から書き始める。そうすると、難しいところも勢いがついているから、わりあいにうまく乗り越えられる、という体験を披露している。ぼくはこれからつよい感銘をうけ、できるかぎり実行していると友人に伝えた。

きいてみると、この友人の計画では、いちばん書きやすそうなのは、全体のうしろから三分の一くらいのところにある、という。それを思い切ってはじめに書いてみたら、どうかとすすめた。すくなくとも、いま、てこずっている書き出しよりはずっと楽に書けるにちがいない、と話した。

さらに、ローマの詩人、学者ホラティウスという人が「話は中ほどから（はじめるがよい）」とのべていることもつけ加えた。話の発端から順を追っていくのではなく、まん中の山場の部分を思い切って、冒頭へもってくると、よい作品になるという作法をホラティウスは書きのこしている。

これは、カーの言う、まん中の書きやすい部分から書いていくというのと同じことを言っているのかもしれない。カーは、あとで順序を入れかえることを想定しているが、ホラティウスは、はじめに書いた中間部を、そのまま、頭のところへすえた作品を考えているところが異なるのである。

そういえば、映画でも、話がはじめから始まらずに、あとの方のことを最初に投げ出して観客の興味をひいておいて、そのあと、フラッシュ・バックで、もとへさかのぼってストーリーをつづけていく手法がしばしば用いられる。

流れのある内容の文章を書くときでも、あとの方のことを冒頭へもってきて、あとで後戻りをするフラッシュ・バックの手を使ってみるのもわるくない。

そんなことを話したけれども、友人はあまり納得したようには見えなかった。

間接法

自分のことをじかに書くのは、なんとなく気がひける。そういう気持は多くの人にあるのではあるまいか。もともと、第一人称単数の〝わたくし〟ということばをおもてにあらわさずにものを言ってきた日本語では、ことにそうかもしれない。英語などだと、〝わたくし〟（I）を使わないでは何も言えないが、日本人は、〝わたくし〟を出さずに、いくらでも文章を書くことができる。ためしに、夏目漱石の『草枕』をみると

「山路を登りながら、こう考えた」

で始まる。ついで、すぐ有名な
「智に働けば角が立つ。情に棹させば流される。意地を通せば窮屈だ。兎角に人の世は住みにくい」
が続く。もちろん、第一人称は出てこない。第二章のはじめを見ると
「『おい』と声を掛けたが返事がない」
から始まっている。声を掛けたのは〝わたくし〟だが、そうは書かない。それからずっと主人公の動きがのべられているのだが、主語はかくれて外にあらわれない。何ページも先になって、ようやくにして〝余は〟が出てくるのである。

こういうことばを使い、こういう文体で文章を書いていると、自分のことを中心にしてものを書くのは不便である。日本で私小説というジャンルが、ほかの国よりも発達したのは、ひょっとすると、素面《しらふ》では書け

ないから小説の虚構をかりて自己を物語るのが好まれたのではなかろうか。

そういえば、短歌や俳句にも、〝わたくし〟ということばは出てこないけれども、たいていは自分の思いをのべる。あるいは、ものに託し、花鳥風月をかりて、自分を表現する。

このごろ、停年で勤めをやめた人が、記念に歌集をつくる。句集をつくる人はもっと多いようである。知友に配る。ほとんど第三者の読者はないが、出す人には何とも言えない誇らしい自己表現の晴れ場である。すくなからぬ費用を喜々として出すから、こういう自費出版を引き受ける出版社がふえてきているようである。

ひとつひとつの歌や句は、そのときどきの気持をうたったものであるが、長い間にわたって作られた作品を集めれば、作者の精神史を反映するものであるのはたしかである。こういう記念句集、歌集は、その名はついていないが、りっぱな自分史である。
あからさまに自らを語るのは面映《おもはゆ》いが、作品を通してなら抵抗はすくない。

胃を切ると決めて霜月雨多し

これはある企業の幹部だった人が引退に当って上梓した句集の一句である。同じことを散文で書くとすれば、ちがった感じのものになるのは当り前だが、これほどまでに読むものの心を打つものになったかどうかは疑問である。いくらか間接的な表現だからこそ、かえって人の心を打つのである。

同じ句集にある

めおとならむ離れて寒く砂利握るは

という一句も、かなり前に読んだのだが、いまもって忘れることがない。それによって会ったこともない故人の人となりをしのぶよすがにしている。短詩型文学というのは後々も忘れられないという点で、ちょっと類がないように思われる。近年の記念歌集、記念句集出版の流行はおこるべくしておこったものである。

考えてみれば、何も歌や句だけではない。長い間、書いたり、つくったりしたものは、どれも過去の自分をあらわすもので、それを集めれば、りっぱな自分史である。回顧文集というものが実際にはいくらも出ている。ただ、再録、出版するということを考えずに書かれたものが多いだけに、よほど編集をしっかりしないと雑然としたものになりかねない。

全集を見ると、その人が出した手紙がのっている。もちろん全部ではないが、それによって、その人となりが実によくわかる。文学の研究者が、書簡に注目するのは、手紙が人をよくあらわすからである。

ただ一般では、もらった手紙は、保存することができるが、出した手紙を再び手もとへとり戻すことはほとんど不可能である。だいいち、だれに出したかも忘れている。しかし、もし、出した手紙を回収することができれば、そしてそれを編集することが可能ならば、それだけで、またとない自分史になる。(このごろは手紙の代りに万事、電話ですませてしまうが、この電話はそのとき限り消えてしまうから、通話内容で自分史をつくるのはまったく不可能である）ひとに出した手紙を返してもらうことはできないが、出す前にコピーしておくことはできる。

そういう改まったタイトルで書いたものでなくとも、おのずから、自分史となっているものが、ほかにも、たくさんある。われわれのすることなすことは、そのまま、すべて自分史の材料でないものはない。

このように考えると、われわれは、だれしも、それと気づかずに、自分史をつくって生きていることに気づくのである。

〝わたくし〟にいくらかはにかみを感じることの多い人間にも、この名のない、間接的自分史ならたくさんある。

II部

書くために読む

ものを書こうとするとき、ぶっつけに書き出す人がすくなくない。文章ではないが、俳句をつくるのに、季語と五七五、それと切れ字くらいのきまりを教わると、さっそくつくり出す、ということがしばしば見受けられる。すぐれた俳句をじっくり鑑賞するということはしないのである。そして、いつまでも我流の小さな世界にこり固まってしまう。その人なりの個性はそういうところからは生まれにくい。

文章を書く場合でも似たことが多いようである。書くとなったら、それだけしか考えない。ひとの書いたものを読もうとはしないのである。もともと読むのと書くのはまったく異なる知的作業である。書くことに集中すれば、本など読んでいられない気持になってむしろ当然であろう。つまり書き出したら、心をこめて本を読むことは難しくなる。しかし、書くには読まなくてはいけない。よく読んでいないのに、しっかりした文章を書くのは、通常、無理である。

こどもなら、読まずに書いても、生き生きとした文章になりうる。へたに手本などが頭にあると、いじけた表現になってしまう。

大人はそうはいかない。ぶっつけに、読まずに書くと、結果はよくない。こどもと違って上手に書きたい。うまく書きたいという下心が働くからである。そして、陳腐な、美辞麗句をちりばめた、鼻もちならぬ文章をつくり上げる。読みが不足しているのである。

そう言うと、本なら読んでいる、と言われるかもしれない。まったく読まないどころか、かなりの読書家であるということもありうる。読んではいても、ただ読んでいるのではなんにもならない。たとえば学校で国語を教えている先生など、一般の人よりははるかに多くのすぐれた文章に接している。よほど文章がうまくなってしかるべきであるように思われる。ところが、実際に国語の先生でりっぱな文章家である例はかならずしも多くない。読むために読んでいても、教えるためには読んでいても、それだけではまっとうな文章の書ける保証にはならないということである。ただ読むのではいけない。

書くためには、書くための読書が必要なのである。このことがほんのすこししかわかっていない。

書くために読む、言いかえれば、書くことを考えながら読む——これは、普通、あまりしない読み方である。しかし、それが、本の中にある気の利いたことばを覚えて、いずれ使おうというような下心であってはならない。より本質的な文章法、スタイルを身につける読書であることが求められる。スタイルのある文章が生きた表現だからである。

それでは、具体的に、どのようなものを読めばいいのか。手当たり次第、何でもよい、などとはならないのはもちろんである。ひとに相談して教えてもらうのも賢明でない。自分で読む本を見つけ出すのでなくては意味がない。自分に合った本を読んで、そのスタイルを体得する。

はじめから、合った本に出会えるといった好運はまず期待しない方がよい。これはと思うもの、かつて読んだものの中に、心にひびくところの大きかった本などを、あれこれ読んでみる。乱読である。

そのうちに、わが手本はこれだというものが出てくる。それはかりに客観的にみてさほどりっぱな本でないかもしれないが、そんなことは気にしない。自分の実感を大切にする。もし、それが手本としては、よくないものであっても、それは運が悪かったとあきらめる。それでも、他人の教示によって知った本などによるよりどれだけましかしれない。とにかく自分の心を共鳴させたのだから、それに殉ずるほかないのである。

この〝わが本〟は、一冊か二冊でよい。欲ばって、五冊、六冊と選んではいけない。たくさんの本を選んだ場合も、すくなくとも同一著者、筆者であるのは絶対条件である。

〝わが本〟がきまったら、読む。一度や二度では話にならない。五回、十回と反復読み返す。内容などすっかり頭に入ってしまったところで、文章の骨格が、無意識ながら頭に入るようになる。昔の人が、読書百遍意《どくしょひゃっぺんい》おのずから通ず、と言ったが、この意というのもこの骨格に近いものであろう。

百遍まで読み込まなくても、スタイルがわかる。理解できる、というのより、むしろ、スタイルがこちらに乗り移ってくる。はっきり模倣する気持がなくとも、自然に、いくらかでも、そのスタイルに似た文章が書けるようになる。漱石の文章を熟読していれば、無心に書いたつもりでも、どこか漱石を思わせる文章だ、といわれるようになる。また、なるのが理想である。いつまでも模倣の文体では情けないが、それでもスタイル欠如の骨なしの文章にくらべたらどれほどましかしれない。

その意味で、以下に、書くときの参考となる文章の書き出しをいくつか紹介することにする。便宜上、自分史に近いものを選んだ。

エッセイ

かつては随筆と言っていたものが、このごろではエッセイと言われる。もちろん、随筆とエッセイは同じではないが、一般には、区別はなくなっている。

そのエッセイは英語から来ている。一五九七年、イギリスのフランシス・ベイコンが『エッセイズ』を出した。これが広く読まれて、ひいてはエッセイというジャンルが出来るまでになった。

といって、エッセイという書き方は、ベイコンの発明ではなかった。

ベイコンの本の出る十数年前、正確にいうと、一五八〇年に、フランスのモンテーニュが『エセー』という本を出した。これがすぐイギリスへ渡って、ベイコンが同名の文集を出版したというわけで、エッセイの起源はフランスとすべきかもしれない。

モンテーニュの『エセー』はたいへんな本でヨーロッパにおける大古典、いまだに熟読する人がすくなくない。人生の知恵をたたえた本である。生き方をそれとなく教える聖典といってもよい。

モンテーニュは四十三歳の誕生日に当り、とくに銅メダルを鋳造させて、「われは判断をさしひかえる」という文句をギリシャ語で刻んだ。いわば悟りの境地に達したことを宣言したものである。それから四年目に『エセー』は出た。

その『エセー』のはじめのところでモンテーニュはこう言っている。

「読者よ、これはうそいつわりのない真正直な書物です。何より先にまず申し上げておきますが、この本を書くに当って、自分のことわたしのことよりほかにには何も目ざしはしませんでした」

こういう本は人類の歴史はじまって以来、一度も出たことがなかった。これはまったく新しい著述だったわけで、エセーはエッセイもそうだが、〝試み〟の意味をもっているのは故なしとしない。つづけて、いう。

「あなたのお役にたとうとも、自分のほまれを輝かそうとも、そんなことはすこしも考えはしませんでした。……わたしはただ、自分の親類の者や友人たちの楽しみ慰めのために、これを書いたのです」

これを見ると、モンテーニュは自分史を綴ったのであることが了解される。現代、自分史を書く人もまったく同じ気持であると言うかもしれない。さらに、モンテーニュはつづけて、

「この本の中に、わたしの自然の日常の、堅くもなければ取りつくろってもいない、ありのままの姿を見てください。まったくわたしは、わたし自身をここに描いているのです。わたしの欠点もここにはありありと読まれます。わたしの生まれつきの癖だって、世間さまに失礼にならない限り、正直に書いてあります」そして最後を「わたし自らがこの本の内容」（以上、関根秀雄訳による）で結んでいる。

これは、そっくり、そのまま自分史を書くものの心得として拳《けん》拳《けん》服《ふく》膺《よう》すべきことばであるとしてもよい。

右の文章を読むと、モンテーニュは自分のことだけを書いているように見えるかもしれないが、実際は大違いである。自分の考えを生のままに打ち出すのではなく、故事来歴、古今の典籍からおびただしい引用をして、そういう歴史によって自分を語るという手段をとっている。ともすれば博引旁証を専らにしているという印象さえ与えかねないところがすくなくない。それでこの『エセー』を読むのを煩わしがる読者もあるくらいである。

しかし、これだからこそ、つまり、ほかの人の書きのこしたことばを借りるからこそ本当のことが言えたのだとも考えられる。なにしろ、前人未到の自己吟味、自然の文学を生み出そうとしていただけに、ストレートに自分をあからさまに描くことなど思いも及ばなかったのかもしれない。

間接的な自己表現である。

この点では、質の違いということに目をつむれば、晩年に、句集、歌集、文集を出版することによって、自らを他に知らしめるのと軌を一にしているといってもよい。

もっともモンテーニュの方法をとるには、厖大な読書が必要である。新聞と雑誌くらいしか読まない人間では、真似たくても真似られない間接的自己表現である。古人や先人の知恵によることができないとすれば、物語の形式をとるほかはなかろう。

物語はわずかながらフィクションの性格を帯びないではいないから、モンテーニュのような「うそいつわりのない真正直な書物」であることを保証するのは困難になる。

自分史を書くには、あらかじめきめておかなくてはならないのが、この様式である。自分のことをうそいつわりなく書ける、書く、とするか。多少、読みものとしての体裁をととのえた記録にするか、である。

どちらも、なかなか骨であるのには変わりがない。

『半自叙伝』

自叙伝というものが書かれるようになってからの歴史の浅いこともあって、この名を冠した文章にはすぐれたものがすくない。

日本経済新聞は毎日、「私の履歴書」を連載している。各界の名士が、一ヶ月ひとりで自伝を書くのである。もう何十年も続いていて同誌のフィーチャーのひとつになっている。

それを読んでも、これはおもしろいと思うものはすくない。その日、その日は、なんとなく読まされても、まとめて、本になったのを通読すると、たいてい途中で退屈したり、つまらなくなるのである。この連載は紙上では、毎回、千六百字、四百字原稿用紙で四枚の分量である。これくらい短いと読みやすいが、長くなると、あきてくる。自伝というものの宿命かもしれない。

そんなことを考えていて、菊池寛の『半自叙伝』を読むと、びっくりする。一気に、息もつかせず、最後まで読むものをひっぱっていく。おそろしいほどの迫力がある。とくにおもしろく書こうとしているのではないが、無類のおもしろさである。自叙伝の白眉である。ほかにこれに迫るもののあることを知らない。

菊池寛の主宰する雑誌「文藝春秋」の昭和三年四月号から翌四年十二月号まで連載されたもので、はじめに、前置きがあって、

「自分は自叙伝など、少しも書きたくない」と、人を食ったようなこと

を言う。（書きたくないのになぜ書くのか）

「たゞ、『文藝春秋』に何かもうすこし書きたいため、自叙伝的なものでも書いてみようかと思うのである」というのが、執筆の動機である。「具体的な記憶に乏しい。……私は、少年時代の出来事を記述などはしない」というから、成人してからの話ではじまるのか、と思うと、ちゃんと幼少のことから書いている。しかも、かなり、こまかく書かれていて、はじめのことばなどは忘れたかのようである。

しかし、こういう筆者のさりげない口ぶりが、読者に圧迫感を与えない理由のひとつではないかと思う。構えて、力んで向かってこられては、読む側では、たじたじとなる。

昭和三年、菊池寛は四十歳。わが国の小説家として空前の人気と名声を博していた。その人が自伝を書くとなれば、どうしても重いものになりがちである。そういう読者の気持を軽くしてくれるのが、書きたくない、といったことばである。さすがに読者の心理をよく知っている。

こどものころのことなど書かない、と言っておきながら、かなりくわしく書かれている。ことに遊びについては、なつかしさにひかれてであろう、雄弁である。

「私は、友人から『百舌の博士』と云われた位、百舌を落すのが上手だった」と言って、おとりのつくり方から実際のとらえ方などがことこまかに説明してあり、目で見るような気がする。百舌を「十疋見つければ、六七疋はきっと取れた」とあるのを読んで、よかったという気がするから妙である。

いったいに、幼少のころは、ひとり人間にとっての神話の時代である。

メルヘンの世界である。そのままが、詩であり、物語である。よけいな作業を加えなくとも、人の心を動かすようになっている。

作家が幼年物語や少年少女物語を書くとたいていすぐれた作品になる。菊池寛はそういうことを知っていたのかどうかわからないが、書かないと言っておきながら、少年時代のことを、実に全体の四分の一の分量、原稿用紙にして五十枚以上をあてている。書き出したら、とまらなくなったのであろうか。

菊池寛は、その少年時代回顧の中でひょっと、ひとこと人生観をはさんでいる。

「よく少年時代の苦労はかまわない、晩年楽をすればいゝなどと云うが、しかし少年時代に感覚も感情もフレッシュであるとき、面白いことをすれば、老いて多少苦労をしてもいゝのではないかとも考えられると思う。

少年時代に遂げられなかった望みなどいうものは、年が寄ってから償い得ないように思う」

しみじみとした、心にしみることばである。同感される。そして「私は誰と相談しようもなかった。私の家庭は、ほかの日本の家庭にもよくあるように、生活にとって一番重大なことについては、黙々としてて何も云わない流儀だった」ということばで孤独をのべているのが哀切である。人間についての洞察がこの半自叙伝をただの自伝以上のものにしている。

こまかいことは記憶していない、ようなことを言うかと思うと、たいへん具体的な数字が出てくるのもおもしろい。

「上京当時、そば屋へ行くと、もりかけ三銭と書いてあった。それが、もり三銭かけ三銭と云う意味だとは分らなかった。私はもりかけと云うものがあるものだと思った。私は可なり長い間『もりかけを下さい』と云って註文していた。こんな場合そば屋では大抵かけをくれたものだ」

新婚早々、「名古屋へ下りて見物したとき、妻は私のために十一円八十銭で金縁の眼鏡を買ってくれた。そのときまで、銀か鉄の眼鏡をかけていたものと見える」

盗みの疑いをかけられて第一高等学校を退学になるのは、菊池寛にとって、半生の最大事件であったが、事実を淡々とのべて、感情的なところがすこしも見られない。それだけにかえってつよい刺激を受ける。

感情的、といえば、全体として、この自伝には、はげしい気持をあらわすことばはほとんど使われていない。

「私は黙々と郷里へ帰って結婚した。私の母がそのとき『もう二三年独身でいてもえゝのに……」と、云った。私が、結婚すると金を送る方が疎《おろそか》になりはしないかと怖れる母の心が見えたので、私はいやな気がした」と抑えた書き方をしている。知人が、菊池寛からもらった手紙をことわりもなしに、発表してしまった。それを知っても、やはり、「いやな気がした」としか書かない。こういうところだけでなく、全体として抑制のきいた文章が感銘をふかくする。

作家として世に出てからの話は、芥川龍之介、久米正雄、川端康成といった名前が出てきて、それはそれなりにおもしろいけれども、幼少から青年へかけての回想にこもっていた潜熱のようなものが消えているのは、是非もないことだろうか。

半自叙伝は、いい意味で、散文的である。思い入れや、文章的ポーズがなくて、すきっとしている。あるがままのはずはないのに、あるがままだと感じさせるところは天下一品だと思われる。小林秀雄はこう言っている。

「『半自叙伝』は作家の告白病から鮮やかに超脱している点で無類だと思う。……自己反省の手際などは見せず、見た事行った事をさっさと語ってくれる。楽天的であり、実践的であり、反省のための反省が皆無……」

「見た事行った事をさっさと語」る、のが散文である。自叙伝も、そういう散文で書かれれば、どんなにおもしろいものになるかということをわれわれに示しているのが、菊池寛「半自叙伝」である。

自分史を書こうとするものは、まず、この「半自叙伝」を三回くらい味読する必要があるように思われる。自分史の古典だといっても決して過言ではない。

作家の自伝

田辺聖子『楽天少女通ります』は、この作家の半生を描いたものだが、題名にあるように、若いときのところがとくにおもしろい。

大阪の写真館に生まれた著者は、この本ののっけに

「私は父を愛す」

と書く。そして、「父の短命をあわれに思う。こんな気になったのは、私が七十近くなったからで、今までの私は、自分の人生を戦うのに必死だったのだ。……それにかまけてとっくの昔に死んだ父のことを思い出

すひまもなかった、というのが、正直なところだ」と言って、父をしのぶ。やはり小説家である。ふつう、なかなかこうはいかない。

こどものころは

「学校から帰るとランドセルを抛《ほう》り投げて、〈宿題はっ〉とどなる母の声を耳にも入れず、走り出た。買い食いと紙芝居の合間に縄とび、鬼ごっこ、もっとダイナミックに遊びたいときは、市電通りを渡った向いの原っぱへいく」少女で、また

「私はよくウソをつく子供であった。〈宿題は!?〉と母に催促されると、〈あれへん!〉とウソをいって飼犬のポパイ（という名だ）とすぐ遊びに出かけ、夜、寝しなに母にかくれてごそごそと、やっつけ仕事で宿題を果した。悪い点の答案用紙は母に見せずに隠し、いい点だけを見せる」

とひとごとのように書いておもしろい。

「われわれ少女には関係ないことだけれど、昭和十八年には煙草の一せい値上げがあった。三年前の紀元二千六百年……奉祝歌をもじって、人々は歌った。

金鵄《きんし》あがって十五銭
栄《はえ》ある光　三十銭
遥かに仰ぐ鵬翼《ほうよく》は
二十五銭になりました
ああ一億は　みな困る

金鵄も光も鵬翼も、みな当時の銘柄である」

知らない人が多いが、これはたのしい脱線である。

女子専門学校の国文科の学生になって、

「最初の時間に、教授から好きな作家を問われたとき、ほかの人々は文科系学生らしく、漱石・鴎外・龍之介などと答えているのに、私は〈吉川英治!〉といって教室中を失笑させた」

その後、家賃の払いに家中の小銭をあつめるというような生活をすることになった。後年、

「貧しさもあまりの果は笑い合い」

という名川柳を知り、作者が吉川英治であることに奇縁を感じたりしている。

金物問屋につとめ、せっせと働きながら、小説を書くようになる。その修業時代の回想は田辺文学を知る上では見すごせないところであろう。そして芥川賞を受けることになるのだが、決して成功者ぶらないところはさすがで、こうした抑制した書き方ができるのも文章修業であると思われる。

「私は今に至るまで数えきれないほど多くの人の恩恵を受けてきたが、『婦人生活』の原田常治社長や、大阪都市協会の小原敬史氏や、大阪文学学校の足立巻一先生や、毎日放送の藤野雄弘氏らのことを思うと、(心なき)私の眼にも涙が浮かんでくる」というあたりは、読むものも心うたれる思いをする。文章の力である。

芥川賞受賞のあと、

「妹も弟も結婚して家を出ており、退職を果した母と二人きりの生活で、ようやく私の人生も安定したかなあ、というときにへんなおっさんが現われ、〈結婚しませんか〉という。

〈あんたな、一人で赤目吊って書いてるのん、しんどいやろ。ワシ(そんな言葉を使う年ごろの男だ)と一緒になったら、またおもろい小説、書けまっせ〉――これには弱い、テキは私の弱点をついてくるのである」

というわけで、この〝四人の子のいるおっさん〟と結婚することを淡々と、ユーモラスに書いていて、小説みたいである。みたい、ではなく小説である。作家の自伝がみなこういう調子になるとはかぎらないのはもちろんで、読者の心をとらえる自伝というのは難しいものだが、田辺聖子はみごとにそれをしとげている。

自分史も、こういう具合に書けたら、りっぱな文学になる。

病中日記

九月十二日　曇　時ニ照ル

便通及繃帯取代

朝飯　ヌク飯三椀　佃煮　梅干

牛乳五勺（紅茶入）　ネジパン形菓子パン一ツ（一ツ一銭）

こういう病床日記を残しているのは正岡子規である。そのころ子規は死に至る病の最後に近い床にあった。まったく身動き出来ないために、寝ていて目に入るものを書き誌すことしか手がないわけで、食べもののは異常にくわしい。はじめに引いたように、食べたものをひとつひとつ、梅干にいたるまで書き留めている。〝ヌク飯三椀〟の〝ヌク飯〟という文字が印象的で、ほかでは見たこともないことばだが、いかにも実感的で、読むものにも生つばを催すほどである。ご飯を三杯も食べた上に、牛乳をのみ（紅茶入りとはしゃれている）、パン菓子を食べている。重病人とは思えない食欲である。ついで、昼と夜の食事はどうかと見ると――

午飯　イモ粥三碗　松魚《かつお》ノサシミ　芋
　梨一ツ　林檎一ツ　煎餅《せんべい》三枚
間食　枝豆　牛乳五勺（紅茶入）　ネジパン形菓子一ツ
　便通アリ
夕食　飯一碗半　鰻《うなぎ》の蒲焼七串　酢牡蠣《すがき》
キャベツ　梨一ツ　林檎一切

おどろくべき食欲である。梨一ツ、林檎一ツという、ひと切れではない。うなぎの蒲焼を七串も一度に食べるのも普通ではないだろう。この日が特別なのではなく、毎日こんな調子である。大丈夫かと心配になるが、やはりいけないようで、「夜ニ至ッテ腹ノハリタルタメニヤ苦シクテタマラズ煩悶ス」（九月六日）ということもおこる。

さきの九月十二日分の日記はこの食べものを並べたあと——

藻州氏来ル
午後沼津ヨリ麓ノ手紙来ル
高浜ヨリ使、茶一カン、青林檎二、三十　金一円持来ル　茶ハ故政夫氏ノクヤミカヘシ、林檎ハ野辺地山口某ヨリ贈り来ル者、金円ハ臍斎ヨリ病気見舞
沼津麓ヨリ小包便ニテ桃ノカン詰二個来ル

病閑に糸瓜《へちま》ノ花ノ落ツル昼

夜病室ノ庇《ひさし》ニ岐阜提灯（潮音所贈）ヲ点ス

消エントシテテトモシ火青シキリギリス

がつづき、これで一日の日記が終っている。この部分は固有名詞、麓（岡麓、歌人）、高浜（高浜虚子、俳人）などが出て来て、いまの読者にはわかりづらいところがある。それは当然のことで、子規は、これを人に読ませようとして書いたものではない。それどころか生前は、親近者にもあまり見せなかったといわれ、もちろん、出版は死後ずっとあとの大正十三年である。はじめの九月十二日とあるのは明治三十四年、つまり一九〇一年、すなわち二十世紀に入った年である。出版はそれから二十四年たってからであった。

本になると、たちまち人々の注意をひいたようで、以後、全集はもちろん、文庫にも入って、文学作品なみの扱いを受けるようになった。
正岡子規は短歌、俳句の革新を推進した近代文学における巨人で、もちろん、歌人、俳人として傑出しているが、この日記「仰臥漫録《ぎょうがまんろく》」はいまや、そうした文学的業績とは別に古典としての地位をかためているとしてよい。本人にとっては意外かもしれいが、文章というのはそうしたものである。

この病中日記は、明治三十四年九月二日から十月十三日まででいったん中断、ついで、翌三十五年三月十日から十二日、ふたたび中断して、同六月二十日から七月二十九日で終っている。日記の形はとっているが、メモ、アット・ランダムな手控えの記録であって、出版の意図があったとは考えられないことは前述のとおりである。

自叙伝というものを残していない正岡子規にとって、短いとはいえ、そして、断続的であるとはいえ、この日記は、自伝に代るものとしてよいであろう。

それが読んで、いまでもたいへん興味ぶかい。すこしも古くなっていないのはおどろくべきことである。写生文をおこした子規だけに、写実的な文章が、対象をしっかり、あざやかに描き出している。とりわけ食べものの記述は絶品である。うまい、といったことばはほとんどなく、まずし、という語がまれに出る程であるのに、病人がいかに食べることによろこびを感じているかが伝わってくる不思議な名文である。

妙な思い入れや、反省や、感想などがまったくないために、清々しい、きびしい、しかし、どことなくあたたか味をたたえる文章になっている。

普通の日記はこうはいかない。

もし、充分に明哲な目で自分をながめることができるならば、日記がりっぱな伝記どころか、文学にさえなりうることをこの「仰臥漫録」は示している。

こういう日記がだれにも書けるわけのないことははっきりしているが、よけいなものを入れないで、ひたすら即物的な記述に徹すれば、日記がそのまま自伝になり得る、自分史であり得ることを子規の日記は示している。そして、それが百年以上後の読者にも芸術的香りをもっているのは特筆すべきことのように思われる。

自分史は、やはり、日記の拡大であると考えられる。拡大といっても、よけいなことを加えるのではなく、むしろ、ぜい肉をそぎ落して簡潔にした形によってふくらませた日記がすぐれた自分史になるのである。出版されないで埋もれている、そういう日記がこれまでどれだけあったかしれない。

そして、日記と同じように、自分史も、ひとに見せることを考えないで書かれたのがもっとも自然で、それだけすぐれたものになるとしてよい。表現の皮肉なところである。

さらっと

「某月某日　神田カトリック教会にて挙式。」これは林真理子氏の『原宿日記』の、結婚式当日の記録で、読むものはつよい印象をうける。この文章について、著者があとがきで、こう書いている。

「挙式の日は、たった一行だけである。……ずっと以前、ある有名作家の日記に、このような記述があり、私はちょっと憧れていたようだ」

してみると、何気なく書かれた一行ではなかったわけで、心をこめた文章であったのである。文筆を業とする人でなければ、やはりこうはいかないであろう。ぐだぐだ、こうるさいことを書きたくなるのである。すべてを書こうとするから、すこしのことさえ伝わらない。思い切って細部を切りすてて、そっけないほどに簡潔に書くと、読む側が、あれこれ想像して言外の部分を補ってくれる。読者には、そのところがおもしろく感じられる。一部始終がすべて書かれていれば、うるさくて、想像をはたらかせる気にもならず、退屈する。省略は芸である。日記という形式はこういう要点描写にとってまことに都合がよい。

「某月某日

JAL16便で、バンクーバーに発つ。友人が何人か送ってくれ、皆で空港内のホテルで食事をした。」

という書き出しで、ハネムーンの旅立ちを話している。そのあと報道陣にとりかこまれるのだが、そんなことは後まわしにして、二行で出発をたしかなものにしている。書き出しがいいのである。

「某月某日

表参道の歯医者にて、上下二本を抜く。」

というのは、「このままだと年をとるうちに、どんどん出っ歯になっていきますよ」と言われて「即座に矯正をお願いした」ことの結果である。それをはじめにもっていく。見出しのような役目をしている書き出しが心にくい。

「某月某日

歩行数なんと三千二百歩。全く嫌になる。これじゃデブになるはずだ。今日こそ歩いて青山通りまで行き、大きなスーパーに買い物に行こうと思っていたところ、宅配便が届いた。保険の外交の方から、先日加入してもらった礼だといって、素晴らしいピンク色の鮭の切り身である。

その後、原稿を取りにきた女性編集者が、鴨のくんせいをお土産に持ってきてくれた。今日こそ買い物に行こうと思っていたのに、人の情けで夕飯のおかずができてしまったではないか！」

というのがまたおもしろい。さらっとしたヒューマーである。著者は、その前につけ始めた万歩計で、一万六千歩を記録して得意になっているのだから、三千二百歩というのがきく。「デブになるはずだ」とひとごとみたいに言い放つのもいい。同じことでも、文章の修業のできていない人間では、こうはいかないだろう。

自分のことを書いて、ひとに読んでもらいたかったら、うるさく、こまごましたことを並べないことである。思い切って、削る。省く。抑える。あえて書かないところをつくる。これが実にたいへんなことであると知らなかったら文章が書けるとうぬぼれないい方がよいだろう。

さらに、自分を語って、おもしろいと思われたかったら、自分をつき放してながめることである。わが身かわいやというセンチメンタルな書き方は禁物である。自慢話などそのゆうたるもので、自慢がさらり、おもしろく出来たら大したものである。

つき放して自分を見るところから、諧謔《かいぎゃく》の妙、つまりヒューマーが生まれる。そのおもしろさを出せるようになれば、自分史は多くの読者をもつ資格がある。

お酒日記

内田百閒は風変わりな生き方をした文人として知られ、没後になって、若い読者からも注目されてブームを来たし、黒沢明監督が、百閒の生活を映画にした。芸術院会員に推されたとき、辞退。わけをきかれて、なりたくないからなりたくない、と答えたのが話題になったこともある。それとは別に、ある大作家の文章を、すこし直してあげたい、と言ったこともあった。それは決して不遜な思い上がりではなく、明治以降、近代の日本語で書いた人たちの間で、おそらく百閒の右に出る文章を書いた人はないと思われるくらいの名文家であった。

その日記は、それぞれの時期でまとめられて、出版された。文学作品として読まれたのである。文体はかつての日記の標準体、つまり文語調である。

戦後になってすぐの時代の日記は『戦後日記』として収録されている。本になったものは、ひら仮名（旧字体、旧かな遣い）で、普通の句読点がついているが、原日記は、「すべてカタカナで、しかも句読点なし、改行もまったくない文章がノオトをびっしり埋めている」（平山三郎「おぼえ書」）「日記帳には大判の分厚い大学ノオトを使っていた。タテ罫の上欄に棚のあるのを好んだ」という。

『百鬼園戦後日記』は昭和二十年八月二十二日、つまり戦争が終って一週間たったところで始まる。

「水曜不出社。朝から曇。お天気が変るかと思っていると午後突然豪雨降りその後大あらしとなる。夕方を過ぎ夜に及びて未だやまず、今八時半也、時時大変な風玉が来る。電気が消えた。暫らく振りに蠟燭の明かりにて日記を書き続ける。こわいけれど空襲よりはいいだろう、……」

天候についてくわしい。この日ははなはだ殊勝だが、そのうち次第に、酒のことが多くなる。昭和二十一年二月九日には、「清酒五合新潮社ヨリ　清酒二合弱中川サンノ家ニテ飲ム　ヰスキー大分（ヰスキートシテハ）右同　味醂二合弱中川サンより」とある。

次の日、「午後机の前に坐っている内に暫らく振りで結滞を感じた。午後中続き夕方に及ぶ。大した事は無いが矢張り昨日のヰスキー飲み過ぎの所為なる可し。……」となる。

二日後の二月十二日は

「午後こひ〔夫人〕市ヶ谷へ買い物に行き……町内の魚屋文野に門の外の屏際にて会いお酒一升手に入れる事にしたとの話也。……間も無く文野再来し清酒一升持って来てくれた。代金の外に御礼を二十円与えたから二百七十円也。実に有難い。夕一献す。夜は風の音喧し」である。

二月十六日

「……宮城の奥さん来。君の新婦を伴いたり。昨年暮の結婚にて来たのは今日が初めて也。麦酒二本持参す。生酒の詰めかえなれどもこないだ内から麦酒が飲み度くて堪らなかったところなれば忽ちその場で一本飲んでしまった。暫らく話して二人が帰った後又もう一本をあけて、これ赤すぐに飲み終わり。実にうまかった。……」

客からもらったビールを、その客の前で飲んだというのはすごい。読んでいてもその飲みっぷりが目にうかぶようである。

二月十八日

「昨夜の麥酒（筆者注：麥酒二本生麥酒一リットル弱をもらう）は一どきに飲んでしまった。暫らく振りに少し麥酒の酔を覚えたり……」

しばらくぶりというが、二日前にも飲んでいるのである。

もちろん、アルコールのことばかり記されているわけではないが、酒はこの日記を貫くモチーフである。純粋に酒を愛する心が、読者にもつたわって、飲めたとあれば、よかった。うまかった、とあれば、よかったと思うようになるから愉快である。

こういう情熱があれば、日記も文学になるということを百鬼園日記は教えてくれる。

生活記録

未知の婦人から手紙とパンフレットが届いた。

あけてみると、私の本を読んで、それを参考にして文章を書いている、七十六歳の女性で、夫とともに農業をしているかたわらだから思うにはまかせないが、とにかく、書いたものの一部をお目にかけるといったことが添えてあった。東京都大島町というのは島で、そこのアドレスが珍しかった。

パンフレットは、日常のことを書いた文章や、往時を回想したエッセイのようなのが長短合わせて二十篇くらい収められている。つれづれなるままのすさびといった趣である。文章も、しっかりしている。

おもしろかった、感心した、という意味の返事を書いたら、すぐまた、手紙と別の、パンフレットが送られてきた。それで、すでに二十号まで出していることがわかる。

なんでも親切な友人がいて、鉛筆書きの文章をワープロに打って、仮とじの小さな、新書判ぐらいの冊子にしてくれる。それをこの老婦人は、知友にくばるのだそうである。いいお友だちがあってよろしいですね、というようなことを書き送る。

年に二度くらい、パンフレットが送られてくるようになった。いっさい自己紹介をしないのだが、文章で、かつて、山形県の女子師範学校に学んだことのある人とわかる。小学校の先生をしたことがあるのかどうかわからないが、きちんとした文章を書くわけがわかった。それがいまは大島というところで、農業をしている。どういう事情があったのであろうか、それはなにもわからない。

とにかくはげしい人のようで、いろいろ世の中に対して腹を立てる。それを書いた文章が多い。ただ、感心なのは、家族やまわりの人のことはほとんど書かない。そうでなければ、とても、毎回、おつき合い出来なかっただろうと思う。ある意味で、インパーソナルである。知的だとしてもよいであろう。農作業、というのが花卉《かき》の栽培であることもやがてわかるのだが、仕事を終えると疲れるが、文章を書くと、別世界に入ったような気がする、という手紙をもらったこともある。書くことが、生活のカタルシスになっていたのであろう。たのしんで書いている、といったところが、読むものに伝わってくる。

それに動かされて、協力者が、せっせとパンフレットづくりをしたのである。あるとき、それまでに出た三十冊くらいの文集をまとめて小包で送ってきたことがある。読んでいないものもあるが、多くは、その都度送られて見ているものである。どういう意味か、はかりかねているうちに、忘れるともなく忘れてしまった。

すると、突然、この前送った旧号をすべて送り返してほしい、と言ってきた。ずいぶん勝手だと思ったけれども、言われるままにする。そして、あとになってから、ひょっとすると、あれを一冊にまとめて出版したかったのではなかったかということに思い至った。ご本人がなにも言わないのだから、察するほかはない。向うは、こうして送りつければ何とかしてくれるだろうと思ったのかもしれないが、あいにくこちらが鈍感で、なにもしないでほっておいた。それで、業を煮やして、気象のはげしい人のようだから、腹を立てたのでもあろう。返却を要求したというわけだったのであろう。それに気がついたのは、ずいぶんたってからである。

その後、一度、病院へ入ったり出たりしていると体調のすぐれないことを伝えて来て、島の名産をもらった。こちらはあわてておお見舞を送ったが、その後どうなったのか、筆まめな人が一度も便りをよこさない。ひょっとすると亡くなられたのかもしれないと思うとしみじみと哀惜の気持がわいてくるのである。

この老婦人、といわなくても、もちろんちゃんと名前はわかっているのだが、こういうところで名を出すことを了解も得ていないから、名は伏せる。あるいは、名を知ってもらい、書いた冊子の読者があらわれるのを望んでいるのかもしれないとも思わないわけではないが、やはり名は伏せたままにしておきたい。

この人は、おそらく自分史ということばを知らないで、自分のことを書き出したものと思われる。適当な分量、そのつもりになれば、一気に読める長さになると、その都度、友人が本にしてくれる。

読む方でも、二百ページもあるような大部なものを送りつけられたら、たいていは読まないだろう。アメリカにエドガー・アラン・ポーという作家がいた。いまから百年近く前に、これから世の中はますます忙しくなる。小説を何日もかかって読むことの出来る人はすくなくなるにきまっている。一気に（ワン・シッティングで）読める短篇小説（ショート・ストーリー）が需《もと》められるようになると予言したのは有名である。自分史についても、同じことが言える。長編は、書く本人には満足を与えるかもしれないが、世のため、人のためにはならない。ひそかに自分の机の引き出しに隠しておくだけのことなら、何千枚であっても一向に構わないが、ひとりでも多くの人に読んでもらいたいのだったら、読む身になってみなくてはいけない。

その点で、大島の老婦人はなかなか知恵があったのだ。いまにしてそう思う。

日記

自分史は日記をつなぎ合わせたようなものだとも考えられる。日記ならつけている人はおびただしい数にのぼる。

日記をつけるのはたいへんだという人がいる。こういう人は、日記を買っても一月二十日ごろまでであとは空白ということになってしまう。日記をつけるのは、実に、たのしい、生きがいになることで、これがわかれば、日記のない人生はなくなる。一日でも欠けたところがあると気になってしかたがない。病気で寝ていて日記に何日も空白のページが出来ると、よくなってから、思い出し、思い出しして、それを埋めないではいられない。こういう部分の記載はかなり不正確になるが、そんなことには構っていられないのである。とにかく毎日日記をつけていることがひとつの生活の規律になる。そう思うと、日記をつけるのが苦労でなくなる。それどころかたのしみになる。十年二十年と日記をつけ続けている人はたいていそのたのしみにとりつかれている。

突飛なようであるが、泥棒日記というものはあるだろうか。そういうようなことをする人間が日記をつけるというような殊勝なことをしないときめてかかることはできない。もし泥棒日記があれば、警察でなくても、のぞいて見たいだろう。本人は見られたらたいへんだから見せないにちがいないが、有徳のお坊さんの日記よりはおもしろいにちがいない。

生きていくための記録としては日記は意義がすくない。すんでしまったことを書いてみても明日の生き方にすぐ作用するわけではない。つまり、日記は自己満足のためにつけるようなものである。

日記は日々の生活の決算報告みたいなものである。それ自体は建設的な意味をもっていない。よりよく生きていくには、予定記ともいうべき計画をつくる必要がある。明日はなにをするか。それを考えるだけで、生き方が変わってくる。

アメリカのある経営コンサルタントが小企業の社長にアドバイスをした。毎日、寝る前に、翌日にすべきことを書き出し、重要度にしたがって順位をつけ、当日は、その順位の高いものから片づけていく。こういう日常行動計画をしっかり実行していけば、あなたは大会社のトップになれる、と教えた。何年かして、その通りになった。予定表をつくるのは予算案をつくるようなものである。決算よりも予算の方が人生にとって重要であるのはこのはなしでもわかる。

それはそうだが、日記はおもしろい。書いた人の人間がわかるからである。文学者などの全集では不完全ながら日記が収められていて、ときとしては、作品よりもおもしろいものがある。古く日記文学があったことを思い合わせる。しかし、公開される日記のどこまでが本当か読者はいつもいくらか疑念をいだいている。他人に見せられないようなことが書いてあるに違いない。それが見たいと思って、ひとは日記を読むのである。

高見順は死に至る病の病床にあって、せっせと日記を書いた。雑誌に毎月、発表するのである。病気が病気だけに高見の文学には親しみのうすいような読者も関心をもった。ちょっとした人気であった。ひょっとすると、創作よりもすぐれているという見方もできるかもしれない。

ただ、ひとに見せる日記というところが、ひっかかる。創作とわり切ればまだしも、いくらかは実録という性質をおびている。その兼ね合いが、おもしろいといえば、おもしろく、おもしろくないといえば、そういえるのである。

他人に見せる日記なら、はっきり、創作とわり切った方がよい。かつて日本文学の主流をなしていた私小説に近い日記小説というものがあればおもしろい。古くは日記文学ともいうべきものもあった。

すこし古い話だが、三百年程前、イギリスにサミュエル・ピープスという海軍大臣がいた。〝イギリス海軍の父〟とまでいわれた人である。日記をつけた。他見をおそれて、暗号で綴った。海軍の人だから暗号はお手のものであったわけだが、だれにも、もちろん家族にも読まれたくないという意図である。読める人もなくケインブリッジ大学の図書館に眠っていた。十九世紀のはじめ、日記が書かれて百五十年もたったころ、一牧師によって解読され、やがて出版される。当時のロンドンの様子、世相、生活などについて実に詳しい記述があるばかりか、自分の生活の赤裸々な記録、たとえば、ロンドン・ブリッジの橋上で女を抱いた、というようなことまで書かれている。出版されると、たちまち有名になり、世界の日記文学の白眉とされて今日に至っている。

人に見られたくないと考えたピープス自身がもしこのことを知ったら、喜ぶかどうかは疑問であるけれども、期せずして、文学史の中に特異な存在となったのだから、もって瞑《めい》すべきであろう。

このピープスのような日記なら、日記はそのままがすばらしい自分史になるし、さらに文学としての評価をうけるものになりうるのである。

これだけ大胆に、正直に自分のことを書けるかというのが、普通の人間にとって大問題である。あからさまに書くのなら、他人に読まれては困る。ひとに見てもらえないのなら、そもそも書くという面倒なことをする気になれない。

どうしても、多少の潤色、つまり、虚構が入る。日記をつけるとき、たとえ、ひとに見られるおそれのまったくないときでも、ちょっと事実を飾るということをまったく避けることは難しい。完全に事実のみを書いても第三者から見ると、たいていはおもしろくないのである。

自分史は、だれのために書くのか。書く人は、つねに、書きながらも、そのことを考えなくてはならない。

創作的

人類の歴史はどれくらい古くまで遡ることが出来るかわからないが、人類を描いた歴史は比較的新しい。日本でいえば、古事記、日本書記くらいからであり、ヨーロッパでも、古代ギリシア以前に遡るのは困難である。

歴史そのものはごく古くから存在するけれども、それがそのまま歴史になるのではない。事実だけでは歴史にならない。歴史を書く人間があってはじめて歴史は生まれる。歴史家があらわれるまで、事実は、沈黙の眠りの状態にある。

イギリスの文学はおそらく七世紀ごろから存在したと考えられるが、それを歴史として記述する英文学の歴史は、十八世紀にならないとあらわれない。文学史家というのは、一般の歴史家よりさらにおくれて出現するのである。

歴史的事象と歴史との間には必然的に時間のずれがある。したがって、過去を完全に再現する歴史は――十九世紀の歴史家はそれを夢見ていたようであるけれども決して存在しない。必ず、史家の解釈を含んで歴史になるのである。

さきにも名をあげたE・H・カーというイギリスの歴史家が、歴史ははじめから存在するのではなく、歴史家によって創られるものである、と述べているのも、この意味である。同じ対象を扱っても三人の歴史家なら三様の歴史をつくり上げるはずであり、歴史家の数だけの違った歴史が存在するのが当然のことになる。

歴史は純粋に過去を正確に記述するものではない。だいいちそういうことは人間には可能ではないのである。歴史家の認識をくぐった過去であるほかはないのである。さらに、全体に整合性を保たせるためには、歴史家は自分の解釈によって、対象を整理しなくてはならなくなる。

このように考えてくると、歴史家の仕事は科学者というより芸術家のそれに近いことがわかる。ヨーロッパで古く、歴史が文学とごく近いものとして理解されていたのはおもしろい。歴史はいわば創作である。

自分史も、特殊ではあるが、歴史の一種である。とするならば、以上、歴史についてのべたことが、そのまま自分史にもあてはまると考えてよい。

つまり、自分のことは自分がいちばんよく知っているつもりでいても、それが、もっともすぐれた自分史、自伝という歴史が書けるのではない、ということである。自分自身を歴史的対象としてながめ、そこから一人の人間像というものをまとめ上げるのは、まさに自画像の創作である。生きてきたことをありのままに描くのではない。そんなことはだれにもできるわけがないのである。もちろん事実は大切であるが、事実をならべるだけでは歴史にならない。資料である。どういう事実をとり、どういう事実は伏せるかという選択の問題もある。さらに、全体をどのような調子で包むかというスタイルの問題もおこってくる。

そういうことを考えると、近い過去、あるいは現在の自分を対象とするのはきわめて難しいことがわかる。現実の混沌の中にあって、これをまとめるのは容易ではない。作家にとっても、それは変わりがない。執筆の時点における自己を描く作品よりも、遠く回想の中にある幼少年のころの物語の方が書きやすく、しかもすぐれた作品になることが多い。自分史は、みずからの、幼い日、若き日のことを描く創作であると考えてよいであろう。それでは事実からはなれるという心配もあろうが、事実は日記に委ねればよい。その日記にしても選択と解釈を含んでいて完全に事実そのものではないのである。

自分史は、事実中心の履歴書のようなものであってはいけない、という理由はないが、自他ともにおもしろいのは、自分を主人公にしたパーソナル・ヒストリー、ショート・ストーリーである。そう言えば、科学的記述などごく少数の例外をのぞけば、すべての表現は言語的創作の性格を有している。ただ、それが、自覚的であるかどうかである。イギリスのピープスの日記は、自分史であり、その意図はなくても小説よりも創作的興味をもっているのは偶然ではない。

ただ、あったことを考えもなく書きつらねたというのでは自分史にならないのはもちろんのこと、まともな文章と呼ぶこともできないであろう。

アルバム

昔の中学校を出てから四十五年たったときである。いっしょに卒業した仲間から、なにか記念になるものをつくろうではないか、という話がもち上がった。還暦もすぎて、クラス会の出席もよくなった。かつてがなつかしい年になっていたのである。

はじめは、これまでの半生をふり返って思い出になることを書いた文集を出そうという案が有力かに見えた。しばらくすると、文章を書くのは困る、という声が遠慮がちに出てきた。学校の教師などしている人間なら、文章を書くのは何でもなかろうが、われわれのように、ろくに手紙も書いたことがない、用があれば電話で片付ける手合いに、小学生のように作文させるのは酷だ、というのである。

こういう異論が出ると、あちらからもこちらからも賛同者があらわれて、文集案はあえなく消えた。しかし、思い出になるものは是非とも作りたいとなり、結局、めいめいもっとも記念したいと思う写真を二葉出し、それにちょっとしたコメント、説明をつける、ということに落着いた。

こういうときの原稿は締切り通りに集まらないものと相場がきまっているが、このアルバムは作成の係が熱心だったこともあり、ほとんど予定通りに原稿が集まったというから、いかにみんなが心にかけたかが察せられる。

話がおこってから、半年すると、われわれ同級八十何名かの記念アルバムがりっぱに出来上がった。

思い思いの写真も珍しいが、それより、それにつけられたコメントの文章が実にいいのである。はじめに文章なんか書いたことがない、文集はいけない、やめようといった張本人の商店主などはもっとも雄弁で、短いはずが延々と長い文章を書いたのが愛嬌であった。

彼は、書けるのに、書けない、と言ったのか。そうではなかろう。写真なしでは、おそらく、その言う通り、三行の文章も書けなかったかもしれない。ところが、写真があれば、それをタネにして、なんとでも書ける。それは、文章ではなく、話である。構えなければ、話はいくらでも続けられてたのしい。

自分史を書こうとし、あるいは、すでに書き出していて、どうも思うように筆がすすまないで悩んでいるときには、このアルバム文集が参考になるような気がする。空をにらんで、文章を綴っていくよりも、節目節目の写真をえらび出し、適宜、編集して、絵巻物的なシリーズをつくる。

そしたら次は、それに思いついたことを書き添えていく。一度に書き切らなくても、あとで思いついたら、前へ戻って加筆、補記すればいいのだから、気が楽である。

写真週刊誌というものまであるいまの時代、文章だけの自分史よりは写真入りの方が親しみやすい。よくよくわかる。文章がすこしくらい力不足でも、絵は文以上にものを言ってくれる。

いまの家庭はこどもが幼いときから、なにかあればすぐ、パチリである。大きくなるまでには山ほどの自分の写真が雑然とたまっている。それを整理すればいい。それについて思いつくこと思い出すことを書き入れていけば、ピクトーリアル・オートバイオグラフィになる。ひと昔前には考えられなかったことが、いまは簡単に可能である。文章がどうも苦手という向きにはうってつけの様式だと思われる。

なにも、何十年を全部収めようなどと欲張ることはない。十年区切りに一冊ずつでもよいし、五年ごとに一冊出してもよい。読む側からしても、長大篇よりも短篇の方がよほどありがたい。

自分史はまだ歴史の浅いジャンルでもあるし、上中下三巻といったものを世に問うた人のあることを知らない。長いものが書かれないのは新しい時代にかなっている。短篇自分史がのぞましい。

アルバム式は、短いという点でもすぐれているのである。

大人のこどもの時

イギリスのエッセイ文学でもっともすぐれているとされているチャールズ・ラムの代表作『エリヤ随筆』の中に、とりわけ滋味にとんだ「夢の子供」の一篇がある。わが国では古くから親しまれてきた。

その中に、〝こどもは大人がこどもだったときのことをききたがるものだ〟ということがある。大人がこどもにする話はいろいろだが、自分の幼かったときのことを話すのが、もっともおもしろい、ということを多くの人は気づかずにしまうことが多い。ラムはそれを発見して、思いをこめて、書いたのであろうと思われる。こどもは、大人の話をメルヘンとして受けとる。想像力をはたらかせて新しい世界を垣間見るのである。こどものときのことを語るのは、その人のもっとも夢多き日々を再現することにほかならない。きくものもそれに引き込まれてみずからの夢をゆめ見る。親はおとぎ話をすることはあっても、自分がこどもであったときのことを話すことはむしろすくないのではあるまいか。それがそんなにおもしろいとはほとんど気付かれない。

あるとき、国文学者に会って、思い出ばなしをした。その昔、学校で読んだ本のことになった。この人は、

「教室で読んだ作品の中で、いちばん印象に残っているのは、チャールズ・ディケンズの『デイヴィッド・カパーフィールド』ですね。おもしろかった」

としみじみ述懐した。

だいたい、教科書として読むと、どんな名作も退屈でつまらぬものになってしまう、といわれる。寝ころがって読んで、時のたつのを忘れるような物語も、机に向って勉強するとなると、とたんに声が遠くなってしまうように感じられるのである。それなのに、ディケンズの『デイヴィッド・カパーフィールド』は教室において英語で読んだのにもかかわらず、何十年後、なお、記憶に鮮やかな作品であることをやめない、のだからおどろく。

この作品はディケンズの自伝小説である。小説の形式はとっているが、自伝といってよいものである。貧しい生い立ちの作者が幼くして経験したことをことこまかに描き出している。ただ、それを丹念に書きこむというのではなく、どこか、突き放した書き方をしているのが特色である。

そこはかとないユーモアとペイソスがただよう。自分のことを書いてユーモアの味わいを出すというのは凡手の及ぶところではないが、小説ということもあってこの作品は、そういうおもしろさを出すことに成功している。読むものは自伝であることを忘れてしまうのである。

ディケンズはこの小説で自分史を書いたことになる。そして、それが、そのまますぐれた文学作品になっているところが、ディケンズのすごいところである。

ディケンズは、今でこそ十九世紀最大の作家のひとりとされているが、もともとは一般読者に迎えられる通俗作家と見られて、あまり高く評価されていなかったのである。

ところが二十世紀に入って新しく注目されるようになった。それは在世中世評の高かった作品が再評価されたのではなく、ここにあげた『デイヴィッド・カパーフィールド』を代表作と見ての新解釈にもとづくものであった。

つまり、この自伝小説は古典となったのである。ほかのフィクションがその魅力をいくらかは失ったかもしれないのに、こどものころのことからの自分を書いた、この原文で八百ページをこえる大作が、百年を経て、改めておもしろいものになってきたのは興味深い。

大人がこどもであったときの話といい、この自伝小説といい、もっともすぐれた書く素材は幼いとき若いときの自分であることに注目しなくてはならない。現在のことではそういう命の長い文章を生み出すことは困難であろう。

教訓的

友人からパンフレットを贈られた。〝おじいちゃんのシリーズ〟と銘打ってある。届いたのには巻七とあるところを見ると、これまでに六冊でたのであろう。

ひらいてみると、友人の父親（おじいちゃん）の書いた文章を集めた文集である。これまでの人生をふりかえっているエッセイもあるが、人からきいたり、本で読んだりして、心に残っていることばをもとにしたものが多く、自分史として見ると、すこし趣がことなっているが、あまり書き手がつよく表面に出ないだけかえって読みやすく有益だという気持になる。ことに子育てと、高齢者の健康についての文章が多く、それがまた、おもしろい。

「ヨイコノタメノカギ」という呪文のようなことばを紹介しているのはその一例である。このことばは、老人病の権威大島研三氏の考え出したものだという。高齢者の生活上の心得九ヵ条を、覚えやすいように、頭文字をつなげたのが、この「ヨイコノタメノカギ」である。

ヨ　酔って入浴するな（箱根あたりの温泉でひと月に百人くらいが酔って入浴して死ぬ。その大半が高齢者だそうである——こんなことをはじめてきく）

イ　医者と仲良くせよ

コ　転ぶな（年をとるとちょっとしたことで転ぶ。骨折するとそのまま寝たきりになり……）

ノ　飲みすぎるな（もちろん、水ではなくて、酒）

タ　食べすぎるな（胃の不消化から体力を失って病気をおこす）

メ　目方に注意（肥満大敵）

ノ　呑みそこなうな（酒を呑みそこなうなというのではない。食べたものを喉につかえないように注意せよというのである。リンゴ、餅、江戸前にぎり寿司にはとくに気をつけること）

カ　風邪をひくな（万病のもと。老人の死因に肺炎のなんと多いこと。実際は風邪である）

ギ　義理を欠け（義理があるからというので無理をして冠婚葬祭などに出て命をおとすもとになった人も古来、すくなくない）

これを見て、岸信介元首相の名言

転ぶな、風邪引くな、義理を欠け

を思い出した。あるいは、共通の出典があるのかもしれない。岸元首相は政治家として歴史に残る人物であるが、われわれ庶民にとっては、その業績よりも、このひと言の老人訓の方がためになるような気がする。

〝おじいちゃんのシリーズ〟の筆者は藤掛誠一さんである。自分史的な文章であるのは、前述のとおりであるが、自分を語るのではなく、生きる心得、とくに高齢者の健康維持のための心得をのべることによって間接的に自己を表現しているのに心ひかれる。〝おじいちゃんの知恵〟といった味わいである。

「ひざ」についてこんなことが誌《しる》されている。「全身の体重が絶えず強くかかり、跳んだりはねたりするときの衝撃の激しさをまともに受けるため故障しやすい関節といえる。若い人はスポーツで『ひざ』に故障を訴えるケースがほとんどだが、高齢者の場合、一種の老化現象による故障が多くなるという。加齢と共に『ひざ』の軟骨が弾力を失って摩耗し、軟骨の下にある骨がむき出しになり接触する。高齢者の『ひざ』に対する心得は

一　長い距離を歩かない

二　階段の昇り下りを避ける

三　正座をしない

四　肥満者は体重を減らす」

と書いてある。

読んでいて、おもしろいのは、読む側に関心の深いインフォメーションが示されているからで、ただ、筆者が自分のことだけをのべたのでは、とても、こうはいくまいと思われる。

自筆年譜

自分のこと、ことに手柄話などとなると、われを忘れて、えんえんとしゃべる人がいる。本人は夢中だが、きかされている方は、たいてい醒めている。自慢話はとくに鼻白む思いをさせられる。それはうすうすはわかっていても、自分にとってたのしいおしゃべりを始めると、なかなかブレーキがかからない。

文章でもそうで、自分のことを書くと、どうも、長々しくなる。切り上げがわるい。読まされてたのしいはずがないから、そういうだらだらした身上話のようなものはどうしても敬遠される。

もともと、日本人は、小さいものが美しいと思う意識をもっている。三百ページの大冊と百ページ、八十ページの小冊があれば、多く、迷わずに百ページ本に手を出す。昔から大長篇の物語、詩歌というものの存しない国である。（『源氏物語』は大長篇のようだが、実は、中篇が集成されたものと見るべきであろう）ヨーロッパに、千行二千行、はては、一万行の長詩があるなどときいても、いっこうに感銘しない。三十一文字の和歌短歌、十七音の俳句の珠玉の輝きをめでるからである。

ましてや、自分のことを書いた文章がえんえんと止まるところを知らぬかのように続いて、おもしろいと感じることは稀であるとしてよいであろう。興味ぶかかったら、よほどすぐれた書き手ということになる。自分史にとってもっとも重要なのは短篇性である。短ければ短いほど含蓄が増すように感じられる。新聞の死亡記事、雑誌などにのる追悼録はごく短い文章であるために、印象深く読まれるのである。

そうはいうものの、三枚とか五枚の追悼録ではいかにももの淋しい。もうすこし、詳しいことが知りたいと思うのが読者の心理というもので、それを満足させる形式ができている。

文学者の全集などで、巻末に、年譜がつくことがすくなくない。これがおもしろい。作品自体とはちがった興味をよびおこす。かくれた愛読者がいるらしい。作るのはたいへんだが、その労は充分に報いられる。全集などでは編纂者の執筆したものが普通であるが、ときに、著者の自筆年譜にお目にかかる。これは伝記のエッセンスである。余計なことがほとんど落されて、事実と出来ごとのみが記述される。退屈な反省とか思い込みや思索などの出る幕がなくて、がっしり、きりりとして、筆者の人間を浮かびあがらせる。

自筆年譜は、そういうわけで、自分史として見て、もっとも純度の高いことが納得されるのである。ただ、文章を書くのがたのしい、というのなら、こういう短篇記録では満足できないであろうが、自分をひとに知ってもらいたいのが目的だったら、一冊の本は、数ページの年譜に及ばないことがある。自分史を書こうとするなら、それくらいは心得ていたい。

＊

近ごろ見た自筆年譜に吉川英治のものがある。松本昭著『人間 吉川英治』巻末にのっている。本のページにして二十ページ足らずのもので、一気に読み終えられる。息もつかずに読了できるところがいい。

明治三十年（一八九七）吉川英治は五歳。こう誌されている。

「巌谷小波の『世界お伽ばなし』などそろそろ見初める。母が燈下に針仕事しながら読書話しする感化をうく。この年の夏、自分に母ちがいの兄があったのを初めて知る……」

明治三十六年、十一歳。

「……父、敗訴、身を退き、家運、急に没落。父の大酒いよいよ募り、数度血を吐く。幼児六名をかかえ、酒狂の人を良人とする母の苦労はこの日から始まる。家財を売るに、いつも真夜中に道具屋の車を裏に付けさせ、一室いくらと、一室中の物すべてをくるんだ一部屋ずつで売って行った為、当時横浜の古物屋仲間の評判になる。十月、突然小学校の昼休みに帰宅のまま、父より学校を退《さ》がれといわれ、大声で泣き出す。

……」

というところから吉川少年の人生ははじまる。読者はその先を読むのがすこしおそろしくなる。これだけざっくばらんに書くには一生の文学と人生経験が必要であったと想像される。

終りに「付記」があって、

「記憶にもとづいて簡単な経歴を並べてみたが、日記とかメモとか几帳面な習慣のまったくない自分には多少の錯誤はないとは云いきれない。特に数字的な記憶は自分でさえ危ぶまれる。唯、従来語るを好まなかった事もまた自分の愚や辱もあえて記録したつもりではある。それとて洩れたものが多かろうと思うが、だからといって故意に除いたりはしていない。その他の不備は諒恕を仰ぐほかはない（自記）」

とある。

さりげなくのべられてはいるが、並々ならぬ覚悟があっての自筆年譜であることが感じられて、粛然たる気にうたれる。自分史というものもこうした覚悟がなくては、世のため人のためにならないのはもちろんのこと、自分のためにもならない。ただ文章を書くといったこととは次元のちがった問題である。

追悼録

新聞は毎日、社会面の左下隅に死亡記事をのせる。これが気になるようになれば、新聞を開いて、まずそこへ目がいくようになったら、年をとった証拠だといわれるらしい。

なるほど、ごく若いうちは、だれが、いくつで死のうが、どういう病気で亡くなろうが、まるで意味がないように思われる。ところがある年になると、何歳で亡くなったのか、病気はなんであったかがいちいち気になるようになる。九十三歳とか、八十八歳といった高齢には、大往生でしたね、といった気持をいだくだけだが、五十六歳で死んだ人があれば、どうしてそんな年で、何が病気だったのかに目を向ける。それから、職業や肩書きへ戻ってしみじみと眺める。「元〇〇会社常務」となっていると、病気でやめたのか、なぜ現職でないのか、といったことをあれこれ想像する。会社は非情だから病人はさっさとやめさせるのかもしれないと思ったりする。たまに現職の役員のままで亡くなっている人があると、なにかホッとする。自分の年齢プラスマイナス三年くらいの年の人が亡くなっていると身につまされる。自分の弱いところの病気が死因であると、人ごとではないような気がする。

死亡記事は小なりとはいえ、人生の縮図を見せてくれる。ことばは不当だが、それがおもしろいのである。そういう読者の気持を新聞も気がついたようで、社会面記事とは別に追悼録を定期的にのせるところがあられた。

死亡記事の読者は当然、そういう記事を見のがすことはない。外国には、たとえばオビチュアリという死亡記事、追悼録を呼ぶことばが熟しているけれども、わが国には、そういうことばがないわけではないが、普通のことばがきまっていない。〝惜別〟とやったり、〝追悼〟としたり、さまざまな呼び方をしている。

いまのところもっとも力を入れているらしいのは「朝日新聞」の〝惜別〟と「文藝春秋」の〝蓋棺録〟であろうが、ことに〝蓋棺録〟には、毎月、すぐれた追悼文が掲載されている。亡くなった人のことは、それだけでペイソスをたたえているから、書く方は、すこし抑制すれば、しみじみとした読みものにすることができる。どちらかと言えば、書きやすい種類の文章だと言ってよいだろう。

自分史を書こうと思ったら、こういう追悼録からも学ぶ必要がある。もちろん、自分史は生きている自分について書くのであり、死んだ人をしのぶのとはまったく別であるけれども、どういうところをとりあげるべきか、どういうことは書かないか、ということは、自分史も追悼録と変わりがない。自分史は私情に流されやすいが、それは追悼録が哀情に左右されやすいのと一脈通じるところがあるからである。

追悼録は、親しくしてはいても、他人のことを書くのである。肉親が追悼文を書くこともないではないが、やはり、近すぎて、個人の人柄などをしのばせるような文章でないことが多いのも参考にしなくてはならない。

われわれの目は外を向いている。自分を見るために目があるのではない。すこし離れたところのものを見るように出来ている。ごく近いものは、灯台もと暗し、で見ても見えないようになっている。禅家のことばに〝脚下照顧《きゃっかしょうこ》〟というのがある。他に向って理屈を言ったりする前に自分の足もとをよく見よ、という寓意で使われる標語であるが、文字通り脚もとをよく見よ、ということでもある。よそごとより、自分のことの方が見えない、見るのが難しいということをも意味しているといえよう。

自分史は、まさに、脚下照顧の文章である。それがたいへん難しいということを、文章を書きなれないで、自分史にとりかかろうという場合、ほとんど気づいていない。自分史の成否は、この点についての心構えができているかどうかにかかっている。

III部

雑誌

自分史を書く人は、思い立ったら、すぐ執筆にとりかかるのだろうと思う。実際の事情を知っているわけではないが、出来上がったものを見ると、そうではないか、と想像されるのである。

本をつくりたいのだから、すぐ書きはじめて当然である。できれば、ぐずぐずしないで一気呵成《いっきかせい》に書き上げてしまうことが理想であると思っているのではあるまいか。実際には思ったように筆がすすまないとか、うまく書けないという迷いが生じて、たちまち完成というようなことにはなかなかならない。何年もかかってなお書きあぐねるということもある。だいたい、すらすら書けないで苦しむ人の方が、おもしろいものになる。得意になって、書きなぐるようでは、粗雑な文章になるのは是非もない。

どうも、日本人は、〝書きおろし〟が上手でない。本を出すのも、あちらこちらで発表した文章を集め、まとめたものであることが多い。欧米では、そういうまとめたのを本とは言わない。T・S・エリオットといえば、二十世紀最大の英詩人、大批評家であるが、奇妙なことに「彼は本を一冊も出さなかった」と言われた。エリオットの名のついた書物はたくさんあるのに、本ではないとされる。そのわけは、書きおろしたものがなく、すべて編集されたコレクティッド・エッセイだったからである。

日本でそんなことを言ったら〝本〟は何分の一に減ってしまうであろ

う。書きおろしがすくない。しても、なかなかうまくいかないのである。

そういう日本人にとって、そうでなくても厄介な自分を語り、みずからを描くという本を書きおろすなどというのは相当困難なことである。もっともなんとか蛇におじずということもあるが、文章は、知らぬが仏というのんきな心構えではものにならない。意志あれば途ありという具合にはいかない。ぶっつけ本番の書きおろしは賛成できない。

準備が必要である。修業がなくてはいけない。文章の修業はどうすればいいか。それを目ざす人のためにカルチャーセンターなどに、文章の書き方の教室ができて、人々の関心にこたえた。自分史そのものが、前にものべたように、文章教室から生また発想である。学校の作文では、自分史を書こうとはしない。

文章教室は受け身の修業である。発表した文章を他の人に読んでもらうというのには不便な点がすくなくない。

修業しながら、習作を発表し、ひとに読んでもらい、批判を受けるのに、雑誌があると好都合である。といって、経験のない人の原稿をのせてくれるような雑誌がこの世にあるわけがない。なければ、つくるのである。ひとりでも、つくってつくれないことはないが、個人雑誌では孤立、閉鎖した世界であって、ぶっつけの書きおろしと選ぶところはない。志を同じくする数人をかたらって同人雑誌をこしらえるのが、面倒なようだが、もっとも現実的である。

このごろは様子が変ってきたが、かつて作家志望、詩人たらんとした人たちは、同人雑誌をつくるのが普通であった。お互いに身銭を切って、雑誌を刊行する。自分たちの雑誌だからなんでも書ける。ただし、よくないものでは読者が承知しないから、緊張する。じっくり時間をかけた労作を発表するのである。

雑誌が出来あがると、めいめいが知合に雑誌を送る。心ある人、好意をもつ受取人は、感想や批評を送ってくれる。これがなによりの張り合いである。それとは別に、同人だけの合評会のような会がひらかれ、互いの作品を批評し合う。これがまたいい勉強になる。自分の作品について、筆者の気づかぬ問題点を指摘されて目から鱗の落ちるような思いをすることもあるし、ときには、打ちのめされて、声をあげることも出来ない酷評を受けることもある。さらに、文章を見る目というものが知らず知らずのうちに養われる。

自分史も、創作修業と同じで、同人雑誌をつくることが、たいへん役に立つ。まわり道のようであるが、かえって近道である。ものごと、ゆっくり急げ、でなくてはならない。

雑誌をつくるのも、一種の創造であって、たいへんおもしろい。一度つくると、おもしろくて、また別の雑誌をつくりたくなるほどである。売るためのものではないから、うまく行かなかったら、三号雑誌ということばもあるように、さっさと廃刊にする。そしてまた別の雑誌をつくる。

これ自体が自分史のある部分を占めるようになるだろう。

雑誌に分載する。一回、四百字用紙三十枚が目安である。これを十回連載すれば、三百枚。ゆうに一冊の分量である。

もちろん雑誌にのせたものをそのまま本にするのではない。ふり返ってみると、いろいろ足りないところが目につく。それを推敲、加筆、削除し、磨きのかかったものを本にする。

原稿用紙

古い友人がはじめて本を書くのだ、という手紙をよこした。とにかく原稿用紙がなくては話にならない。マチの文房具店へ行って二千枚ほしい、といったら店主が目を丸くして、そんな注文を受けたことがない。店にはせいぜい二、三百枚しかない。問屋からとり寄せるから待ってくれと言った。そんなことをいくらか得意そうに伝えてきた。

それを見て、まずいことをしたものだ。そんなでは書けるものも書けなくなってしまうのに、と思ったけれども、さすがに、そうは言えない。

買ってしまったものを今さらどうにもしようがないではないか。友の好運を祈ることにした。

それからもうそろそろ一年になろうとしている。彼の進捗状況ははなはだ芳しくない。まだ入口の十数枚のところを書いてはすて、改稿したものをまた書きなおす、ということをくりかえしていて、成績ははなはだよろしくない。

その原因がすべて原稿用紙を買い込みすぎたことにあるとは言えないにしても、すくなからぬブレーキになってはいるように思われる。原稿用紙に興奮し、あるいは圧倒されてしまったのである。

いまのこどもは小学生のときから原稿用紙を使って作文を書いている。原稿用紙に特別の気持をもつということもないだろう。ところがある年代以上の人間にとって、原稿用紙は普通の紙ではない。たいていの人は一生のうちに一度も原稿用紙に文字を書かないでしまう。

戦前、大財閥の大番頭といわれた某氏が戦後追放になって役職を離れたのを見た雑誌社の人が、随筆を依頼した。四百字用紙、何枚という注文を受けたこの実業家は長い間かかって原稿を仕上げたのを、文筆家の息子に見せた。息子がおどろいた。四百字用紙のはじめから終りまで、一字の余白もなくびっしり字が詰っているではないか。なぜ、こんなことをしたのか。書き出しは一字下げ、段落が終ったら、あとは余白として残しておかなければいけないと教える息子に向って、父親は四百字用紙三枚、つまり千二百字の原稿依頼を受けた。文字で埋っていないところがあって、その分まで原稿料をもらっては不当である、とまことに経済的な言いわけをした、という有名な話がある。

それくらいのものである、昔は。いまはそんなことはないが、それでも、原稿用紙はただの紙とは違う。ものを書こうとするものにとってはどこか神秘的なところがある。それに向うと、ちょっと構える。自然的になりにくい。つまり、書きにくいのである。そして、書き損じたりしてはもったいないという気もする。きれいに、うまく書こうと思うともなく思っている。原稿用紙になれるには、いくらかの経験が必要である。

私自身、原稿用紙に文章を書くようになったのは、雑誌の編集をするようになった三十歳近くになってからである。どうも、うまく書けない。何枚も何枚も書きほぐしを作る。そうしていると気が滅入ってくる。無力感におそわれる。

それである時、広告の裏を利用して書いてみると、これが案外、すらすら書けるのである。のびのびと書けるのにすっかり気をよくして、それからは、はじめの下書きは、かならず、書きほぐしになった原稿の裏紙に書くことにした。そうすると、なんとか仕事がはかどるようになった。それで書きほぐしの原稿紙を大切にとっておいて愛用する習慣がついた。恥かしくてとても人には話せることではないが、そういうことをすくなくとも十年くらいはつづけたように思う。

私は不器用だから、そんなことをしたのかもしれないが、ほかの人だって、原稿用紙にさらさらと書いているばかりではあるまいと想像する。友人のエッセイストは大学ノートに字数かまわず、どんどん書くという。原稿用紙をさけるところは、裏紙と同じだが、ノートの方が恰好がいいのはたしかである。ただ、ノートだと書き損じたからといって、破いてしまうわけにはいかないだろう。そこへ行くと裏紙は気が楽である。何十枚反故にしても惜しくはない。

それともうひとつ。原稿用紙には四百字詰と二百字詰がある。四百字詰が標準で、原稿の長さを何枚というときは四百字用紙の枚数である。かつては、ほとんどが四百字原稿用紙で、二百字用紙は例外的であった。それがいつごろからか、二百字が多く用いられるようになった。いまはむしろ二百字の方が多いのではないかと思われる。

長い原稿、百枚とか百五十枚というのは四百字、短い三枚とか五枚とかいった原稿は二百字用紙と使い分けている人もあるようだ。

四百字だと、途中まで行って、書きかえると、たくさんの分量をすて、書き改めることになる。二百字だと、それが少なくてすむという利点がある。それに一枚を書き上げる時間が半分ですむから、どんどん書けているという快感もある。人によって好みはあるが、私は二百字用紙でなければ使わないことにしている。

はじめの友人は四百字用紙を二千枚買ってしまった。たいへんだ。

筆記具

ただ書けばよい、筆記具などにこだわるのは瑣末であるという人がいるが、そんなものではない。

ある文筆家が、原稿を書き出して、インクの色合がおかしい、と思うと、そのとたんに筆がすすまなくなる、インクはしかるべき色をしていてくれないと困るそういうことを書いているのを読んだことがある。

それはいささか神経過敏かもしれないが、文章を書くのは極度の緊張を要する作業である。ちょっとした不調が思いもかけない障害となることはあり得ないことではなかろう。

さきにのべた原稿用紙にも、人によって書きやすいのと、そうでないのとがある。市販のものではいけないというので、特製をあつらえるものの書きもいる。そうすると、それでなくては書けなくなる。出版社から送ってくる原稿用紙は使ったことがないという人もあり、原稿用紙を送らない出版社もある。個人専用の原稿用紙を作るというのもたのしみのひとつではあるが、書きなれない人間がそんなことをするのはかえって書きにくくしてしまうようなもので賢明とは言えない。市販のものを使うようにした方がよい。

用紙以上に書くのに影響を与えるのが、筆記具である。これまで、原稿はだいたいにおいて萬年筆によって書かれてきた。国産があらわれる前には、イギリスのオノトが愛用された。ウォーターマンも人気があった。夏目漱石はオノト派である。

戦後、アメリカのパーカーが渡来して、われもわれもとパーカーを使った。ただ、もの書きの間では、ドイツのモンブランが好評で、とくにその太書きを好む向きがすくなくなかった。同じくドイツ製のペリカンは横書きには最適だとされる。スイスのカラン・ダーシュはすこしおしゃれっぽいが、名品である。

そうこうしているうちに、萬年筆のマニアになる。あれこれ集めて悦に入るのはいいが、かんじんな原稿を書く方がお留守になってしまうこともないわけではない。そういうのを物に淫して志を失う玩物喪志《がんぶつそうし》というのである。書き添えるが、国産の萬年筆にも逸品がある。ただ、これはどこの萬年筆にもあてはまることだが、同じブランドでも当り外れがある。買うまえに充分試筆して吟味する必要がある。

ボールペンというものが台頭したのは戦後しばらくしてからである。はじめはインクがもれたりするものもあったが、またたくまに精密なペンになって、萬年筆のお株を奪うようになった。文筆家の間でもボールペンに鞍替えする人がすくなくなかった。

ただどうもボールペンは安直である。萬年筆のような愛着をいだくことがない。それと筆圧が必要で、萬年筆書きよりもずっと疲れる。書痙《しょけい》にかかる人もあらわれた。

ボールペンのあと水性ペンが出来た。これは軽くかけるから、書痙の心配はない。若い人たちはボールペンよりこれを好むようである。

インクはいやだという鉛筆派がある。新聞記者が記事を書くのは鉛筆であるが、それにあやかろうとしたのかもしれない。ザラ紙に走り書きするには鉛筆は適している。どうしたことか女の人に鉛筆書きが多いようだ。おしゃれな感じなのかもしれない。

書き間違いを消して書き直すことも、ペンではきれいにいかないが、鉛筆なら跡をとどめない。どこか気安さがある。やはりすぐれた筆記具である。

問題は、筆圧がかかることで、疲れやすい。それと、標準的なHBだと、うすくて光って見にくい。鉛筆の使われる大学の入学試験でもHBではなくBか2Bを使用するように求めているのは見えにくいからである。

軟らかいBや2Bを用いると、上をこすったりすると黒くよごれ、別の意味で字が見えにくくなるという難点がある。私もかつて2Bの鉛筆を使って原稿を書いた時期があった。印刷所の人から、鉛筆書きの原稿は工場でよごれて読めなくなるときいた。どうすればいいかときいたら、画家は木炭のデッサンをおさえるラッカーのようなものを使う。それを原稿に吹きかければ、消えなくなると教えられ、その通りにしたが、面倒になって、鉛筆で書くことをやめてしまった。

つまり、何でもよいのである。ただ、自分に合ったもの、使いなれたものがよい。それで書いていると、思わず、筆が走るというようなものなら最高である。ただしかし、あまりにこだわり、凝るのは禁物である。

近ごろはワープロで書くのが流行している。文章を書く人もワープロ書きへ移りつつあるようだが、これは手書きとはちがうから、新しい技術というべきである。

とにかく書くことである。

本にする

原稿が出来たら、しばらく風を入れる。書き上げたものをすぐ印刷する、というようなことはよほど書きなれていても、しないのが普通である。短い、雑誌にのせるような原稿でも、しばらく置いておいて、手を入れる。これはいけない、というので書きなおすことだって、ないわけではない。

まして、一冊の本ともなれば、原稿のよみ返しはなかなかたいへんである。日本ではその例はまれであるが、外国では、この段階の原稿を信頼できる人に閲読してもらうことをする。いろいろ思い違いをしている。それを改める、などというだけでなく、読者としての批評をこめた助言をうることもできる。はかり知れないプラスになる。

自分史を書くという人、それがはじめての本だという人に、読者のことを考える余裕のないのは是非もない。しかし、出版するのは、公にすること、未知の人にも読んでもらうことを想定している。読者を満足させるようなものであるのがのぞましい。自分勝手、傍若無人とまでいかなくとも、自分だけいい気になっているような本では、迷惑になる。

そういう推敲をしたとする。

いよいよ出版のはこびである。

本といっても、いろいろであって、一概にこうときめてしまうことはできない。

ごく内輪の人たちだけを念頭におくならば、手書き、このごろなら、ワープロで打ったものを綴じてもよい。これも味わいがあっておもしろいかもしれない。

ある、書家の歌人が、歌集を出した。活字で寒々しい文字を並べるよりは、というのでみずから筆で書いた歌を、凸版にして印刷製本した。肉筆書きの歌集だというので注目され、新聞が取材に来たりして思わぬ反響があった。

しかし、たいていは、印刷本を考える。それには印刷所に頼まなくてはならない。このごろ自費出版がふえたせいで、出版社で自費出版の部門を設けているところがいくつもある。広告しているから、気を付けていれば、目に入るはずである。

印刷所でも、自費出版になれたところなら比較的安い費用で本をつくってくれる。しかし、はじめてだと、まるで見当がつかないから、いくらか事情に通じている人に相談してみるのが賢明である。

問題は費用であるが、これもさまざまであるから、何カ所かに当って見るのがよいだろう。金をかければそれだけいいものが出来るように早合点してはいけない。

装幀も難しい。あまり凝ったものにすると内容との不調和を来すこともあるから用心しないといけない。ごくさっぱり、すっきりした装幀が好ましい。

案外大きな問題は、何部つくるか、である。どうしても多くつくりすぎる。

私ごとだが、未知の人から、句集を贈られて途方にくれる思いをしている。もらいっ放しでは悪いから礼状を出そうとするが、書きようがない。いちいち読んでいては日が暮れるから読まないで礼状を書くのだが、その情なさといったらない。

こういうことがおこるのは、句集を出す人が過大な部数をつくるからである。どこへも贈るところがないと、なにかの名簿にのっている人間にやみくもに送りつけるほかなくなってしまう。もらった人がどう思うか、などということは考えないのだろう。これでは、せっかくの本が泣くというものである。

印刷の人がよけいなことを言って、三百部でも五百部でも、費用はそれほど大きくは違わない、などと入れ知恵する。それでなくてもたくさん作りたい気持があるから、景気よく必要以上の大部数にしてしまう。

見当は、年賀状の数である。毎年、五百枚出しているのならその八割、四百部が妥当である。三百枚なら二百五十部がいいところである。五百部では、社員に一冊ずつという社長ならともかく、たいていは余ってこまる。

本が出来上がったら、その知友に贈ることになるが、「謹呈　著者」と印刷した短冊だけをはさんで送るのはいかにも殺風景である。すこしこまかくあいさつのこもったメッセージを添える。そうすれば、もらった人は、すぐにでも読んで、感想を送ろうと思うようになるであろう。そういう反響は本を出したものでないと味わえないうれしいものである。

エピローグ

自分で自分のことを書く自分史である。

どのように書こうと、どんなに長くなろうと自由である。とやかく言われる筋合いはない。自分史の筆者はどこかでそんな気持をいだいていないとは言えない。依頼されて書くものには枚数の制限があるが、自分史はいくら長くてもかまわないように思うことは充分に可能である。

しかし、書いたものを篋底《きょうてい》に秘しておくのであれば別だが、いやしくも、ひとに読まれたいと考えるならば、そう考えない人はないと思われるが、読む側のことを考慮に入れないのは不都合である。いわゆる、自分史といわれる文章において、しばしば欠落しているのが、読者への配慮である。

いくら書くことが多くあっても、何百ページもの本にしたのでは、読む人が途方にくれる。忙しい世の中である。いくら親しい間でも、何日もかからなくては読み上げられないような自分史を贈られたら、どう思うか。書く側はそれを心しなくてはならない。長くなるのを自制して、なるべく簡潔、短篇にする用意が求められる。短いものほど読まれるのである。

書く側からすれば、自慢ばなしほどたのしいものはない。自分史も、どうしても、そういう部分が多くなりがちである。しかし読む側にすれば、サクセス・ストーリーはよほど劇的事件でもないかぎり退屈なものである。手短に語られるのなら我慢するが、えんえんとやられてはたまらない。話をきいているのだと耳をふさぐわけにもいかないが、文章なら、さっさと本をとじて投げ出すことができる。得意の話はなるべくへらし、短くするのが自分史の心得である。

逆に、筆者にとっての失敗、苦しみ、不幸はなるべく触れずにすませたい。それが不可能としてもなるべくなら、さらりと流したいと考える。ここでも読者は反対の気持をもつ。そういうところがおもしろいのである。自分史というのは書き手につらいものでないと、読まれないと言ってよい。

自分史が書きものとして成功するには、つまり、読者に読まれるためには、自分のふれたくないところをあえて披露し、反対に、言いたくてむずむずするところは、これを抑えるというストイックな精神が求められる。それがいやだったら自分史などを考えないことである。

本書は、読者にとって好ましいと思われるようなものを書くにはどういう心得が必要であるかという視点に立っている。読者のことなど考えていられるか、自分は自分に忠実であればよいのだ、という純粋自己主義は結局、表現として弱いものになってしまうのを覚悟しなくてはならない。

自分史は自分のために書く。それはその通りである。しかし、書くという営為は、読者を想定しているべきもので、自伝においてはうっかりすると、そこを忘れられがちであるが、それだからこそ、いっそうつよく心に銘じておくべきであろう。

読者のことを思えば、自分史は、なるべくおもしろくなければならない。これは、長々しく書かないとか、手柄話をいい気になって書き流さないといったことに比べて、はるかに難しい。長い文章の修業を経た人にとってもおもしろく書けるとは限らない。経験の乏しい人がユーモアの感覚をたたえる文章を書くのは至難である。しかし、おもしろくしようと思って書くことは自分史においても、決して堕落ではない。そういう自分史が多くなれば、現代は後世から尊敬されるようになるに違いない。

◎本書は、２０００年にチクマ秀版社より刊行した『自分史作法』に、改題および本文修正を加えたものです。

イースト新書Q

Q093

人生《じんせい》の整理学《せいりがく》
読《よ》まれる自分史《じぶんし》を書《か》く

外山滋比古《とやましげひこ》

2024年2月29日　初版第1刷発行

発行人　永田和泉
発行所　株式会社イースト・プレス
東京都千代田区神田神保町2-4-7
久月神田ビル　〒101-0051
tel.03-5213-4700　fax.03-5213-4701
https://www.eastpress.co.jp/
ブックデザイン　福田和雄（FUKUDA DESIGN）
印刷所　中央精版印刷株式会社

ISBN978-4-7816-2291-0